Couvertures supérieure et inférieure manquantes

AU HASARD DE LA VIE

DU MÊME AUTEUR

Les Aigles du Capitole. Paris, Calvet, 1869, in-12.

La Petite Guerre. Paris, Panis, 1869, in-12.

L'Île révoltée. Paris, Dentu, 1877, in-18.

Journal d'une bourgeoise pendant la Révolution (1791-1793), publié par son petit-fils. Paris, Calmann-Lévy, 1881, in-12.

Ahmed le Boucher ; la Syrie et l'Égypte au dix-huitième siècle. Paris, Ollendorff, 1888, in-12.

M. de Moltke, ses mémoires et la guerre future. Paris, Dentu, 1891, in-12.

Une Mission en Vendée, 1793. Notes (laissées par A. Jullien). Paris, Ollendorff, 1893, in-12.

La Marine de guerre. Six mois rue Royale. Paris, Berger-Levrault, 1896, in-8.

La Défense navale. Paris, Berger-Levrault, 1899, in-12.

Du Weser à la Vistule. Lettres sur la marine allemande. Paris, Berger-Levrault, 1901, in-12.

Les Marines française et allemande. Paris, Charles Lavauzelle, 1904, in-12.

Le Programme naval. Paris, Charles Lavauzelle, 1906, in-12.

En préparation :

Essai sur Thucydide.

Dialogues antiques.

EDOUARD LOCKROY

AU HASARD DE LA VIE

NOTES ET SOUVENIRS

PRÉFACE DE JULES CLARETIE

PARIS
BERNARD GRASSET
ÉDITEUR
61, RUE DES SAINTS-PÈRES, 61
MCMXIII

IL A ÉTÉ TIRÉ DE CET OUVRAGE :

25 exemplaires sur Hollande Van Gelder numérotés de 1 à 25.

A MA CHÈRE FEMME,

E. L.

PRÉFACE

Ce temps-ci aura été le temps des Mémoires. *Il semble que le public, la foule qui subit, si je puis dire, l'Histoire — cette succession tragique ou ironique, parfois grotesque, d'événements qu'on nomme l'Histoire — veuille en connaître les secrets après en avoir supporté les effets. Le* pourquoi? *l'éternel* pourquoi *des enfants est aussi celui des peuples. On veut « savoir » parce qu'on sait fort bien que, dans le fracas qui nous étourdit ou le tourbillon qui nous emporte, en réalité on ne sait rien.*

Édouard Lockroy, qui occupe dans le monde des lettres et de la politique une situation éminente, sait beaucoup, a beaucoup vu et peut dire et pourrait surtout dire de nombreuses vérités. Il a eu l'existence la plus vaillamment militante et la plus curieusement contrastée. Journaliste, érudit, historien, orateur, homme politique, homme d'État, l'unité de sa vie est faite de labeur, de dévouement et d'honneur. Publiciste, il avait de l'esprit sans méchanceté, de ce bel et charmant esprit français qui brille comme une vive étincelle au bout d'une épée. Ministre, il eut toujours, avec une admirable piété active, le culte de la patrie, la passion de la République et de la France. Nous nous sommes rencontrés tout jeunes, rêvant les mêmes rêves, et nous avons éprouvé à la même heure la poignante douleur de patriotes assistant aux épreuves, voyant s'ouvrir et saigner les blessures de la nation.

Édouard Lockroy fut, du moins, de ces bons français qui travaillèrent de leur mieux au relèvement de la France. Je lui rappelais, un jour, que dans le wagon qui nous emmenait vers Metz, en juillet 1870, il se préoccupait avec insistance du rôle que pouvait jouer, qu'allait jouer la marine dans la guerre dont les premiers coups de canon n'étaient pas encore tirés. « Que ferait dans la mer Baltique la flotte française ? Le rôle de nos vaisseaux pouvait être là considérable. Allait-on les utiliser bientôt ? » Ces bateaux préoc-

cupaient vivement le futur ministre de la Marine, et il y avait dans l'étude des navires de guerre, de la tactique maritime, que faisait déjà l'écrivain, une sorte de prédestination aux excellentes mesures que devait prendre, quelques années plus tard, le publiciste renseigné pour le plus grand bien de notre armée de mer.

Le patriote clairvoyant, le travailleur acharné, l'écrivain, l'orateur, le soldat, qui a vécu, en y faisant son devoir, les années de tristesse ou de relèvement de notre pays, aurait le droit d'écrire une « histoire de son temps » en y marquant sa place et en y contant ses efforts.

Lockroy, qui est un travailleur de toutes les heures, notait, je le savais, volontiers les incidents quotidiens de sa vie. Toujours il s'est réservé un coin intime, un retrait où songer et écrire. Il ne lui suffisait pas de se dépenser dans son cabinet de Grand Maître de l'Université ou dans les commissions de la Chambre; il trouvait encore le moyen de conserver pour soi-même, de garder précieusement quelques moitiés d'heures où il pouvait, d'un trait sûr (tel qu'autrefois lorsqu'il signait les gravures de la mission d'Ernest Renan), dessiner une physionomie entrevue, saisir au passage un profil, un caractère, con-

fier au papier un fait digne d'être retenu. Merveilleusement armé pour les tâches les plus diverses, il est de ceux pour qui le temps semble décuplé et qui utilisent les minutes. Parfois, à la table de Victor Hugo, on attendait Édouard Lockroy, qui n'arrivait que fort tard après les convives. Il était là-haut, achevant de prendre sa leçon de sanskrit, ou la version qu'il s'était dictée lui-même.

Et aujourd'hui encore, dans ses journées de lectures, que fait-il? Il étudie la tactique des anciens Grecs, discute avec M. de Freycinet sur l'armement des phalanges antiques, frondeurs ou manieurs de javelots. Il lit Xénophon et il prépare un Essai sur Thucydide. « *Faisons un peu de Thucydide!* » *dit-il gaiement à l'ancien Délégué de la Guerre à la Défense Nationale, lorsque M. de Freycinet vient le voir. Toute sa vie il a travaillé ainsi, dans son sillon et, pour se reposer, à côté du sillon même.*

On pourra, dans le volume que l'éminent écrivain a consenti à publier, trouver une partie des Souvenirs de Lockroy. Au Hasard de la Vie! *On pourrait dire aussi :* Au Hasard des Confidences. *La vie d'Édouard Lockroy n'est certes pas tout entière contenue dans ce livre. Il a voulu garder sur le passé bien des pages encore qui dorment dans l'énorme amas de cahiers où il avait l'habitude d'inscrire au jour le jour les événements, les « menus faits » chers à Stendhal, ce qu'il entendait ou voyait d'intéressant. Sur Alexandre Dumas père, par exemple, sur l'atelier du peintre Giraud, que de traits le mémorialiste pourrait nous conter, qu'il nous dira sans doute quelque jour!*

*Mais voilà précisément ce que l'auteur d'*Au Hasard de la Vie *entend bien établir : ce ne sont pas ici des* Mémoires *proprement dits. C'est le récit d'un petit nombre d'heures choisies parmi celles qui valaient la peine d'être vécues. Haltes heureuses ou aventures dramatiques, visions souriantes ou apparitions sinistres. L'épopée de 1861, les souvenirs de Tripoli de Syrie, les journées d'angoisse autour de Metz, les nuits de garde autour de Paris. Toute une vie, toute notre vie en quelques pages décisives, pittoresques, d'un style puissant et ferme, gravées comme à l'eau forte par un maître.*

— Nous avons, disait-il naguère à l'admirable compagne qui s'est dévouée à lui de toute son âme, parcouru ensemble presque toute l'Europe et un coin de l'Asie. Tu te souviens combien

de paysages différents passent à la portière d'un train express. Avec ses chapitres divers, ce livre me rappelle un peu ce train express; il me fait l'effet d'un « rapide » lancé dans le passé à travers toute mon existence.

Ce train rapide, comme dit trop modestement Édouard Lockroy, entraînera bien des lecteurs. Ils y retrouveront, oui, ils rencontreront dans ces chapitres si curieusement divers, des événements et des hommes qui ont empli le monde de leurs actes, de leurs paroles et de leurs noms au siècle dernier. « Le siècle dernier ! » Que de choses dans ces deux mots! Que de douleurs et que de larmes! Mais que d'efforts aussi, que de vaillance, combien d'appels éperdus à la justice, à l'avenir! Cet avenir que n'atteindra pas notre génération sacrifiée, mais dont il semble que nous entrevoyions l'aurore dans les espoirs de la jeunesse.

Il faut rendre justice à Édouard Lockroy. Jamais, à aucune minute de sa vie, il n'a désespéré de la France. On le verra dans ces pages. Soit qu'il fût ministre de l'Instruction publique, soit qu'il préparât l'Exposition universelle, soit qu'il tînt, en des heures difficiles, les destinées de notre marine, il a toujours espéré, malgré les périls. Il voit les dangers, il ne les craint pas. Son coup-d'œil très sûr le rendrait facilement pessimiste (comme ceux qui pensent). Son cœur laisse aussi ardent que jadis son optimisme militant et convaincu. Encore une fois, on le verra bien dans ce livre. C'est un vrai Français. Français de style, de raison, de courage et d'âme.

Qu'on lise donc d'abord ces chapitres choisis Au Hasard de la Vie. *Les Mémoires définitifs, ceux que Lockroy pourrait, je le répète, intituler :* Confidences pour servir à l'histoire de mon temps, *viendront plus tard. En attendant, le public saura gré à l'écrivain homme d'État de lui avoir donné les extraits si captivants si remarquables, de ses précieux cahiers. Ils feront mieux comprendre les illusions généreuses et les gestes, comme on dit aujourd'hui, d'une génération qui rêva la liberté et, par la liberté, la grandeur de la patrie, et qui se réveilla tout à coup dans la défaite, l'invasion, le dur devoir.*

*Ce devoir, l'auteur d'*Au Hasard de la Vie *l'a rempli de son mieux, vaillamment, fermement. Il est de ceux qui, à la fin du jour, peuvent se dire qu'ils n'ont point perdu leur journée. Il a été dévoué, il a été utile. Il a été populaire sans flatter le peuple. Il a toujours subordonné les* *intérêts des partis à l'intérêt supérieur de la patrie. Il ne songe encore qu'au pays, aux destinées, à l'avenir de la nation. Avec quel plaisir j'ai retrouvé dans ces pages le charme de sa causerie uni à la résolution de ses actes! Et, en laissant là ces feuillets dont je viens de lire avec émotion les épreuves, il me semble que je quitte encore Édouard Lockroy en cet après-midi d'août où, à Sarreguemines, je l'accompagnais à la gare, moi restant avec les soldats de Clinchant, lui allant vers Bitche ou Forbach, — nous ne savions pas.*

Au loin le canon grondait. Les campagnes lorraines semblaient secouées de hoquets tragiques. J'allais bientôt voir pointer les lances des uhlans du côté de Deux-Ponts, sur la colline...

— Adieu! A bientôt! Au revoir!

Nous nous embrassâmes.

Lorsque le train partit, un même cri sortit de nos poitrines :

— Vive la France!

Je revins seul parmi les troupiers de la division Montaudon, les officiers qui se disaient : « — Que faisons-nous ici? Qu'est-ce qu'on attend? Pourquoi ne marchons-nous pas? Le canon appelle. »

Pourquoi? L'éternel point d'interrogation de l'Histoire.

En vérité, bien qu'il y ait tantôt quarante-trois ans de cela, Édouard Lockroy est resté le même, avec sa patriotique ardeur; et quand nous nous retrouvons boulevard Lannes, qu'après avoir parlé des livres, des théâtres, des auteurs nouveaux et des vieux écrivains immortels, nous en arrivons aux points noirs et aux sourds grondements d'orage, le même cri poussé à Sarreguemines nous vient encore aux lèvres : Vive la France!

Les cheveux ont blanchi ou sont tombés. Le cœur, comme l'affection, est resté le même.

JULES CLARETIE.

7 mars 1913.

AU HASARD DE LA VIE

HISTOIRE D'UN ROYAUME QUI N'A JAMAIS EXISTÉ

J'avais un oncle, un bon et excellent homme et qui m'a laissé un très doux souvenir. Il se nommait Auguste Jullien et il était assez vaguement journaliste. Je crois bien qu'il écrivait au *Siècle* avec son ami Gigault de la Bédollière, père du futur amiral. Il avait une belle figure, des traits réguliers, une grosse moustache et des yeux admirables et pleins de bonhomie. Bien qu'ayant visité l'Allemagne en détail et s'étant fort occupé des affaires politiques et littéraires en France, son père, Jullien de Paris, l'ayant pris pour collaborateur à la *Revue Encyclopédique*; il avait vécu dans un rêve extraordinaire que son dernier sommeil a seul interrompu. Dès sa tendre jeunesse, il s'était créé un royaume, à demi imaginaire, à demi réel, et qu'il avait gouverné jusqu'à la fin de sa vie, en bon maître et en souverain équitable. Ce royaume se nommait : l'État du Lapis. La carte en avait été dressée très exactement, et il me semble que je vois encore ses chaînes de montagnes escarpées, ses fleuves, ses rivières, ses sources, ses provinces soigneusement délimitées, et le gros point rouge qui indiquait la capitale. Mes yeux d'enfant cherchaient ensuite tout cela sur la mappemonde et s'étonnaient de ne pas l'y trouver. Cela tenait à ce que l'État du Lapis n'existait que dans une très grosse commode dont il remplissait les tiroirs avec sa population indigène, son aristocratie, ses grands corps constitués, sa magistrature, ses services publics, ses arsenaux, son armée et sa marine.

Le Lapis existait réellement, aussi bien que la France ou l'Angleterre. Il se distinguait d'elles en ceci seulement que ses citoyens étaient de petits éclats de pierre à fusil ou de simples petits moules à boutons. Les cailloux formaient l'aristocratie, la famille royale et aussi les hauts fonctionnaires, les ministres et les membres des deux Chambres, car il y avait une Chambre des pairs et une Chambre des députés; les moules à boutons représentaient surtout les soldats : gardes du corps, garde royale, troupes de ligne, marins, puis aussi huissiers, laquais, valets, cochers, qui devaient figurer dans les grandes cérémonies, telles que l'ouverture du Parlement, la fête du Roi; les promenades de Longchamp ou les revues et manœuvres militaires.

Tant petits cailloux que petits moules à boutons, ils étaient bien de quinze à vingt mille. Tous étaient enfermés dans des boîtes de pastilles de Vichy sur lesquelles, à l'encre, une inscription disait le contenu : — Conseil d'État — Chambre des pairs — Chambre des députés — État-major général. Chacun de ces cailloux et de ces moules à boutons avait son nom écrit derrière; chacun avait son état-civil sur des registres *ad hoc*. Les cailloux les plus nobles possédaient même des arbres généalogiques très compliqués dont les branches abritaient l'union des familles. Les princes du sang s'unissaient parfois aux princesses de la famille royale du Pétoncle, dont il sera question plus loin.

Les soldats portaient tous l'uniforme et tous

les valets la livrée. Il y avait beaucoup de livrées et beaucoup d'uniformes, c'est-à-dire que tous les moules à boutons étaient peints sur leur face antérieure. Là, l'imagination s'était donné carrière. Il y avait des régiments bleus et rouges, d'autres jaunes et verts, d'autres noirs et orange. Je me souviens que, lorsqu'un escadron de gardes du corps arrivait, monté sur un jeu de tout petits dominos, l'effet était impressionnant. Je venais souvent le matin dans la chambre de mon pauvre oncle; je le trouvais qui jouait avec le Lapis.

— Est-elle jolie, ma cavalerie! me disait-il. Attends, puisque te voilà, nous allons faire manœuvrer la garde royale.

Les livrées étaient multiples et plus chargées que les uniformes. Mon oncle voulait que ceux-ci fussent sévères.

Pour les cailloux, il ne faudrait pas s'imaginer que tous fussent dignes d'entrer dans l'État du Lapis, encore moins d'y occuper de hauts grades. Ils étaient soumis à un choix et à un examen rigoureux. Pour être pair, par exemple, il fallait remplir certaines conditions de taille, de forme, de couleur, difficiles à rencontrer. Je ne crois pas que les pairs fussent plus de cent. Cependant, quand il avait trouvé de jolis éclats de pierre à fusil, mon oncle faisait des fournées. Elles étaient enregistrées dans un *Journal officiel* qui paraissait à de longs intervalles, mais qui, cependant, avait pour directeur un petit bouton de cuivre. De même on publiait les lois, décrets, ordonnances, arrêtés de police. Parfois, se promenant dans les allées du jardin, avec ma mère et moi, mon oncle, les yeux toujours fixés sur le sable, s'interrompait tout à coup en s'écriant : « Ah ! un pair ! » Il se baissait, ramassait un petit caillou qu'il glissait dans sa poche, puis il reprenait la conversation.

*
* *

Les jours de grande cérémonie nationale, il s'enfermait dans sa chambre où, pour agrandir la table, on lui apportait toutes les rallonges de la maison. A l'ouverture du Parlement, par exemple, mon oncle, dès le début de la fête, fredonnait des airs officiels, l'hymne du Lapis, la marche royale. Le drapeau du Lapis flottait au vent, piqué dans le bouchon d'une petite fiole de pharmacien. Les grands corps de l'État sortaient les uns après les autres de leurs boîtes de Vichy et venaient se ranger devant le Souverain. Les pairs, les députés, la Cour de cassation, les conseillers d'État prenaient place sur des couvercles de carton rangés en demi-cercle et recouverts de petits morceaux d'étoffe bleue, rouge ou violette. Au delà du Palais législatif, sur toute l'étendue disponible, se massait l'armée, avec ses uniformes multicolores, ses officiers chamarrés et ses chefs illustres, qui caracolaient sur de petits dominos. Plus loin, attendaient les voitures de la Cour, découpées dans de vieilles cartes à jouer, avec la foule des laquais, écuyers, etc. Aussitôt que tout le monde était en place, un roulement se faisait entendre : le discours du trône commençait.

Il y avait encore de belles fêtes à l'époque du « Longchamp ». Tous les carrosses étaient dehors et l'aristocratie étalait ses élégances. C'était à qui, parmi les ducs, aurait les plus belles livrées. Aussi, quinze jours à l'avance, mon oncle s'occupait-il de peindre de couleurs éclatantes de nouveaux moules à boutons. « Longchamp » durait vingt-quatre heures, au milieu d'un enthousiasme indescriptible, quoique silencieux.

⁂

Dans sa jeunesse, un autre de mes oncles, Alfred, avait créé un royaume rival du Lapis, qui se nommait le Pétoncle. Mais bientôt, une guerre s'alluma entre les deux États, qui passionna toute la famille et laissa même à ma pauvre mère de longs souvenirs. La dernière bataille se prolongea une semaine entière. On poussait les moules à boutons et les cailloux les uns contre les autres jusqu'à ce qu'ils tombassent de la table par terre. Le Pétoncle fut vaincu. Le Lapis victorieux se l'annexa et, depuis, il conserva la paix pendant une cinquantaine d'années, c'est-à-dire jusqu'à la mort de mon oncle Auguste.

A ce moment, il cessa, lui aussi, d'exister. On vida les boîtes de Vichy. Les pairs, les conseillers d'État, les magistrats assis et debout furent dispersés dans les allées du jardin; les moules à boutons d'os et de bois, car il y en avait des deux sortes, finirent misérablement dans le ruisseau. Rien ne resta de cette armée et de ce royaume qui avaient amusé d'un rêve la vie entière de leur souverain.

FÉLIX PYAT

Un souvenir très net et inoubliable. J'avais de sept à huit ans. C'était en 1848, en mai ou en juin. Je ne sais plus au juste. Mon père me prit à part dans son cabinet, d'une façon assez solennelle, et, après avoir fermé la porte soigneusement, il me dit :

— Écoute. Il va venir habiter chez nous, pendant quelque temps, un monsieur qui se dira le cousin de ta mère. Tu connais les cousins de ta mère : ce ne sera aucun d'eux. Ce monsieur est un condamné à mort. Il s'appelle Félix Pyat. Jure-moi qu'à personne tu ne diras son nom.

Je jurai. Mon père reprit :

— Jamais Pyat n'est venu ici. Quand on ne connaît pas la maison, il est difficile d'y arriver. (En effet, pour arriver chez nous, il fallait d'abord traverser une cour, puis une grande allée, puis une autre cour, puis un grand vestibule, tout cela encombré et entouré de bizarres bâtisses toutes habitées). A la nuit tombante, tu iras jouer ou faire semblant de jouer sur le trottoir, comme un gamin des rues. Tu regarderas bien tous les passants, sans en avoir l'air. D'ailleurs, ils sont rares dans le quartier. Quand tu verras venir un homme à barbe noire qui aura un grand pardessus à col relevé, tu diras sans te retourner, comme si tu te parlais à toi-même : « Est-ce vous, Durand ? » S'il répond : « Oui », tu te mettras à marcher devant lui, tranquillement, et tu l'amèneras.

J'allai sur le trottoir à l'heure dite. Je fis semblant de jouer et, quand passa près de moi un homme à barbe noire ayant le collet de son pardessus relevé, je dis : « Est-ce vous, Durand ? » Il répondit : « Oui », très bas. Alors je me mis à marcher devant lui, assez lentement, et, sans lui adresser la parole, je le conduisis à travers les cours, l'allée et le vestibule, jusqu'à la porte de l'appartement. Mon père lui sauta au cou.

Félix Pyat resta à la maison quinze jours ou trois semaines. Celui qui cachait un condamné était passible de la même peine que lui. Comment s'opéra le départ de Félix Pyat, je ne m'en souviens pas. Un jour, je ne le revis plus. Mon père me dit : « Il est en sûreté. » C'est tout. Son séjour fut, cependant, plein d'inquiétude. J'avais une marraine, comme dit Chérubin, et cette marraine, affolée de peur, était devenue féroce. Souvent elle venait à la maison et, se doutant de quelque chose, elle interrogeait la bonne ou faisait interroger notre bonne par la sienne, au sujet de ce cousin fictif. Elle demandait à le voir. On lui répondait toujours qu'il était sorti. Un soir, enfin, elle nous surprit dans le jardin. Félix Pyat, pris de terreur, se sauva. Alors elle se rua, furieuse, sur mon père.

— Vous cachez un rouge ! Vous nous ferez tous assassiner ! Je vais prévenir la police !

Ce fut une scène affreuse. Heureusement, on finit par la calmer et par empêcher cette infamie.

L'état d'esprit de cette pauvre femme était celui de beaucoup de gens. Cependant, elle poussait la folie bien loin. Ne pouvant plus tenir à Paris, où elle croyait tous les jours être assassinée par les rouges, elle eut l'idée d'aller en province et d'y finir tranquillement sa vie. Je ne sais qui lui avait indiqué La Ciotat comme un endroit calme, où l'on pouvait être à l'abri des révolutions. Elle s'y rendit par la diligence, avec sa bonne, et en tenant une cage de serins sur ses genoux. Malheureusement, en arrivant, elle se heurta à une bande de Méridionaux en bonnets phrygiens qui allaient planter un arbre de la liberté. Son épouvante fut telle qu'elle reprit la diligence, sans même coucher, et qu'elle retraversa toute la France, je ne sais comment, pour venir s'échouer à Loches, dans le magasin d'une vieille amie où on la vit arriver un soir, brisée de fatigue, amaigrie, presque mourante, après un voyage qu'elle avait dû faire en partie à pied, car, dans sa terreur, elle évitait les grandes villes.

*
* *

En 1871, au commencement de la Commune, comme j'étais un soir chez moi, où une lettre mystérieuse m'avait donné rendez-vous, je vis entrer un homme à barbe grise qui, après quelques effusions inattendues, se nomma : c'était Pyat. Nous ne nous étions pas rencontrés depuis sa fuite de la maison. Déjà il prévoyait la chute de son parti, la guerre civile, qui n'avait pas encore éclaté, la bataille et les massacres qui devaient suivre. Inquiet pour les siens, tremblant pour lui-même, il cherchait un moyen d'empêcher la lutte et de terminer pacifiquement le conflit. Je faisais alors partie de la Ligue des Droits de Paris, que j'avais fondée avec Floquet, et dont le but, hélas ! était de prévenir, s'il se pouvait, une rencontre sanglante entre les troupes de Versailles et la population parisienne, alors que les armées victorieuses de l'Allemagne campaient encore sur les hauteurs de Montmorency et aux portes mêmes de Paris. C'était un rêve à la fois généreux et absurde, mais que, je crois, le patriotisme excusait. La ligue se réunissait tous les jours et, forte de l'appui d'une grande partie de la population, elle s'essayait à traiter avec l'Hôtel de Ville, d'une part, avec M. Thiers, de l'autre, et faisait des efforts surhumains pour trouver un terrain d'entente.

— Je t'apporte un programme, me dit Pyat; tâche de le faire accepter par la ligue et de le faire porter par ses délégués à Versailles. Sans doute on ne l'acceptera pas tel qu'il est, mais peut-être pourra-t-il servir de base à des négociations. Que M. Thiers fasse un pas de notre côté, nous en ferons un du sien, et la paix finira par être conclue. Souviens-toi que c'est de nos têtes qu'il s'agit et fais de ton mieux. Ton père m'a sauvé la vie, agis comme ton père.

Le programme était fou. L'insanité ne pouvait aller plus loin. Quoi qu'il en fût, je courus à la ligue, rue Béranger, chez Bonvallet, le lendemain. Je laisse à penser comment la lecture d'un pareil factum fut accueillie. On se récria, on rit, on s'indigna. Mais bientôt je fis valoir que ce n'était qu'une ébauche; que les auteurs ou plutôt que l'auteur appartenait au parti le plus avancé de l'assemblée municipale; que sa rédaction démontrait un désir d'entente et de paix que nous voyions se manifester pour la première fois; que si seulement des tractations pouvaient s'engager, inévitablement les esprits se calmeraient peu à peu et qu'au bout de peu de temps chacun comprendrait à quel point serait criminelle une nouvelle guerre, entre Français cette fois, et conduite, pour plus d'horreur, sous les yeux mêmes de l'ennemi. Après deux ou trois heures de discussion violente, on finit par me donner raison. Trois d entre nous furent chargés de porter le programme à Versailles, tandis que tous les journaux de Paris le publieraient.

Je ne connaissais pas Pyat. J'étais neuf dans la politique. J'ignorais que Pyat craignait d'être reconnu pour l'auteur du programme; qu'il ne voulait pas, lui, le révolutionnaire des révolutionnaires, paraître pactiser avec Versailles; qu'il redoutait de sembler avoir peur et encore plus de sembler moins avancé que les autres; qu'il était capable de tout, plutôt que de perdre sa réputation et sa clientèle. Aussi fus-je stupéfait, le lendemain matin, en ouvrant son journal, de lire un article furibond, signé de lui, où, après avoir analysé et même reproduit le programme dont il était l'auteur, il signalait ceux qui l'avaient fait adopter par la Ligue des Droits de Paris comme d'infâmes réactionnaires, traîtres à Paris, à la Commune et à la République.

Cet article, à ce moment-là, aurait pu me coûter la vie.

*
* *

J'ai revu Pyat, en 1888, assez souvent, au ministère de l'Instruction publique, où je me trouvais. Il voulait que j'obligeasse Claretie, administrateur de la Comédie, à jouer une pièce de lui, intitulée *Diogène*. Ce fut une persécution. Il venait dans mon cabinet tous les jours, s'attachant à me démontrer que, si je ne forçais pas le Théâtre-Français à monter son drame, je n'étais plus un républicain.

Victor Hugo disait qu'il n'y avait de véritables passions que les passions littéraires. Pyat en fournissait la preuve, car je crois que la République ne l'a jamais autant passionné que *Diogène*. C'était pendant des heures entières, qu'assis sur mon bureau ou arpentant mon cabinet, me prenant dans ses bras, faisant appel à mes souvenirs d'enfance — se taisant sur ceux de la Commune — il me parlait de son œuvre et de la nécessité politique qu'il y avait à la faire représenter.

— Le peuple, disait-il, ne s'apercevra que la République existe que le jour où il verra le nom de Pyat sur l'affiche d'un théâtre subventionné.

De Claretie, qui refusait de promettre de jouer *Diogène*, il se moquait comme d'un modéré, allié à la réaction. Par moments il délirait ou semblait pris d'accès de folie. Malgré tout, je fis rentrer *Diogène* dans ses cartons.

*
* *

La vie de Pyat était extraordinaire. Il cachait son adresse à ses amis et certains initiés pouvaient seuls le voir. Quand, après 1848, il était réfugié à Londres, sa maîtresse, qui restait toujours à Paris et n'allait le voir que de loin en loin, savait seule où il demeurait. C'était une belle créature, qui avait un regard très vif et ne manquait pas d'éducation. Elle montrait pour lui un dévouement de chienne. Souvent je la voyais à Neuilly, dans une villa habitée par un ami commun. Par elle j'avais eu des nouvelles du proscrit, sans qu'elle me donnât jamais de renseignements sur son existence. Lors de son retour à Paris, en 1870, la légende voulait qu'il allât coucher tous les soirs dans un bateau amarré près du pont Notre-Dame. La vérité est qu'il avait toujours une cachette prête quelque part, en vue d'une réaction possible. Sa manie était de pousser le peuple aux armes et de provoquer des émeutes. Mais il excellait surtout à dépister la police. Au premier coup de fusil, il s'évaporait comme un gaz. Aucun policier n'a jamais pu mettre la main sur lui. Il devait cependant avoir des relations officielles mystérieuses. Comment a-t-il su, avant le gouvernement de l'Hôtel de Ville, la capitulation de Metz? Comment a-t-il pu raconter le désastre dans son journal, avant que personne fût averti, avant que Trochu lui-même eût reçu le moindre avis? Toute cette affaire est restée inexpliquée et incompréhensible.

EN 1848

Souvenir de février 1848. — Mon père rentre le soir, à la nuit tombante. Il dit :

— Personne ne pense à la République. Deux ou trois fois, en passant devant les barricades, j'ai commencé à crier : Vive la Ré.... Tout le monde a repris : Vive la Réforme !

*
* *

J'ai souvenir aussi d'une porte s'ouvrant tout à coup ; d'une bonne entrant effarée et criant :

— Monsieur, on promène des cadavres sur les boulevards !

*
* *

Je revois très bien mon père en garde national. Il avait un fusil à pierre. Un jour, il fut de garde à l'Élysée, où j'allai le voir. Ce fut la première fois que j'entrai à l'Élysée. Mais, aujourd'hui, chaque fois que j'y vais, je me rappelle cette visite.

⁂

Souvenir encore. — C'est le 15 mai. Je suis sur le balcon du Théâtre-Français. Une cohue de gardes nationaux passe dans la nuit. A la lueur des réverbères on voit briller les baïonnettes. Ils marchent furieusement en poussant des cris : « A bas Barbès ! » Un officier frappe de son sabre une des colonnes du vestibule.

⁂

Souvenir encore. — Les gardes nationales de province passent dans la rue. C'est un défilé extraordinaire de vieux shakos tromblons, de plumets multicolores, d'uniformes de théâtre, de casques de toutes les formes et de bonnets à poil de toutes les espèces. Quelque chose du mardi-gras. Tout ce monde est furieux, veut du sang, hurle :

— A bas les rouges !

*
* *

Juin 1848. — La maison, rue du Rocher, donnait sur un ancien parc, plein d'arbres encore, et que prétendait fermer une grande porte à demi démolie, en bois rouge. Je vins contre cette porte vers dix heures du soir. Il faisait chaud. Les feuillages se découpaient sur le ciel en silhouettes bizarres. Les étoiles brillaient. Le silence était profond. Tout à coup, une voix s'éleva sur la gauche : « Sentinelles, prenez garde à vous ! » Aussitôt une autre voix répéta : « Sentinelles, prenez garde à vous ! » et, à intervalles égaux, le cri fit le tour de l'horizon.

C'est tout. Et il m'est resté de ce moment-là une impression sinistre.

Une grande grille donnait sur la rue. En face était le cul-de-sac Dany. La nuit du dernier jour, des hommes, par petits groupes, quelquefois isolés, s'y faufilèrent. On en entendit un qui disait :

— Nous sommes foutus. Mais nous avons abattu des gros bonnets.

Ils revenaient de la bataille.

∴

Autre souvenir. — Mlle Rachel chantait la *Marseillaise*. J'étais dans la même loge que Mme George Sand. Cette femme de génie, qui était la bonté même, m'avait pris sur ses genoux.

Mlle Rachel était vêtue à l'antique d'une tunique et d'une longue robe blanche. Elle entrait par le fond, tenant un drapeau tricolore dans ses bras. Elle parlait la *Marseillaise* plutôt qu'elle ne la chantait. L'orchestre l'accompagnait en sourdine. J'ai souvenir d'une voix grave, profonde, qui vous remuait jusqu'aux entrailles, d'une physionomie pâle, terrible, pourtant belle. Au dernier couplet : « Amour sacré de la patrie », elle tendait le bras, le drapeau se déployait, et elle mettait un genou à terre. Dans la salle, c'était une tempête de cris et de bravos.

Quand j'étais jeune et que je m'occupais de dessin et de peinture, j'allais le dimanche chez Hippolyte Flandrin. Il recevait, le matin, ses amis et ses élèves. C'était un homme doux, tranquille, qui louchait un peu, mais profondément passionné pour la grande peinture, religieuse, historique, la peinture décorative de grand style. Il ne comprenait pas l'autre, il la niait, la méprisait, la haïssait. On lui apportait des dessins, des académies, des esquisses, qui lui fournissaient le thème de leçons parfois éloquentes, intéressantes toujours, et que son frère Paul, le paysagiste, interrompait par des plaisanteries sans fiel qui faisaient rire les élèves. C'était un petit groupe honnête, plein de foi, très rempli de dédain pour les biens de ce monde et tel qu'on peut se représenter les peintres du moyen âge italien. Dans la semaine, on allait à Saint-Germain-des-Prés voir le maître travailler à la grande frise de la nef principale. On l'apercevait, d'en bas, debout sur un énorme échafaudage, couvrant le mur d'une interminable théorie de saints et de saintes, et, quand il baissait la tête, on le saluait respectueusement. Flandrin n'a jamais pu faire de moi un artiste. Mais il m'a appris à comprendre M. Ingres, Raphaël, Léonard et Michel-Ange. Je lui dois bien des joies de ma vie.

EN SICILE. — GARIBALDI

La première fois que je vis Garibaldi, c'était au milieu de Palerme, qui fumait encore sous les bombes, ses rues semées de barricades et encombrées de cadavres, pleines du bruit de la lutte et des chants de victoire. L'armée napolitaine, enfermée dans le quartier du Môle, avait demandé à capituler. On lui avait accordé huit jours pour s'embarquer sur la flotte et quitter la ville.

Nous nous mettons à la recherche de Garibaldi. A l'Hôtel de Ville, le général Türr nous reçoit. Garibaldi était allé visiter un couvent incendié la veille par les troupes catholiques et royales.

Nous marchons quelque temps à travers les rues barricadées et dépavées.

Ce qui m'est resté de cette promenade, c'est le peu d'impression que nous fit, aux uns et aux autres, cette ville pleine de merveilles. A de certaines heures, Athènes, Rome, Damas, Naples, Palerme ou Batignolles, c'est tout un. Il est des événements si grands qu'ils occupent entièrement l'esprit et qu'ils lui enlèvent jusqu'à la faculté d'être frappé des objets extérieurs. Personne, dans une bataille, ne songe à regarder le paysage. Dans une ville prise d'assaut, personne n'aperçoit l'architecture. La réalité nous échappe, et notre œil ne voit, dans les monuments qui nous environnent, si étranges ou superbes qu'ils puissent être, que le fait invisible de la défaite ou de la victoire. Gênes, quand nous y avions passé, était pleine du départ des légionnaires. Palerme était pleine de leur triomphe. Les cloches semblaient dire : mille hommes en ont vaincu vingt mille. Les statues : la Sicile est délivrée. Les palais : l'Italie, depuis si longtemps morte, ressuscite. Les ruines: nous recommençons à vivre. Quand les pierres disent de telles choses, on oublie les édifices. Le rococo devient imposant comme l'antique. Le temple grec ne se distingue plus des colifichets religieux du siècle dernier. La vieille église, la maison moderne, la colonne dorique, le tombeau romain, le donjon normand parlent la même langue : ils chantent un même hymne à la liberté.

*
* *

Bientôt, à notre droite, s'ouvre un long espace vide, creusé par les obus, dans un pâté de maisons. Les décombres couvraient le sol, ici épars, là amoncelés.

Des meubles, écrasés par l'effondrement des plafonds, traînaient, mêlés aux pierres, des débris de miroirs, le socle d'une pendule, une commode éventrée par une poutre. Le vent promenait à droite et à gauche le linge que les armoires avaient laissé échapper dans leur chute. Au sommet d'une sorte de pyramidion formé de briques concassées se trouvait une chaise en tapisserie qui semblait attendre un visiteur. Çà et là on apercevait de grandes taches noires : c'était du sang que le soleil avait cuit.

Une troupe de volontaires traversait, au pas accéléré, ces décombres : c'étaient des hommes jeunes, portant la moustache ou la barbe. Ils avaient sur la tête un chapeau mou, de feutre gris, à larges bords relevés ; sur le dos, des vareuses de toile rouge foncé, salies par la poussière et la poudre. Tous portaient en bandoulière, comme les officiers portent leur manteau en campagne, un foulard lie-de-vin dont les deux bouts, négligemment noués sur leur poitrine, tombaient jusqu'au ceinturon, à plaque de cuivre, où pendait le coupe-choux. La fantaisie éclatait seulement dans les pantalons. Les uns étaient noirs, les autres blancs ; les autres, plus irréguliers encore, à carreaux ou à damiers. Ceux-ci se perdaient dans des guêtres de cuir ; ceux-là couvraient presque entièrement des pieds nus chaussés d'espadrilles. Soldats par le haut, les volontaires se terminaient en pékins. On eût dit que ces hommes, encore bourgeois la veille, n'avaient eu que le temps de passer une moitié d'uniforme. Une révolution les avait jetés, à demi habillés, dans l'Histoire.

*
* *

Au milieu d'eux marchait, le sabre de cavalerie au côté, un homme petit, carré, robuste : torse de lutteur, bras de marin, qu'on devinait taillé pour les grandes fatigues de la guerre. Il était vêtu comme les soldats. Comme eux, il portait un feutre gris sur la tête et, autour du corps, un foulard lie-de-vin orné de dessins blancs imprimés. Aucun signe distinctif sur la vareuse rouge, ni galons ni étoiles. Pourtant, rien qu'à le voir, on devinait le chef. Mieux qu'à une manche ou à un collet brodé, son grade se connaissait à l'expression de son visage. La victoire, pour les soldats, est comme le martyre pour les sectaires : elle met une clarté sur leur front.

Cet homme avait, en ce moment-là, quelque chose de supérieur et de plus qu'humain. Les émotions poignantes de la bataille, les joies du triomphe, l'attente des luttes à venir, avaient ennobli ses traits et imprimé à toute sa personne je ne sais quel caractère auguste. Plébéien, matelot, condottière, sans autre puissance que l'autorité de son nom, il avait osé, seul, défier un prince et, seul, il avait réussi à s'emparer de la moitié d'un royaume devant l'Europe intimidée. On lisait dans son regard l'orgueil de cette prodigieuse aventure. Il joignait la fierté du libérateur à la majesté du justicier. Il était le prédestiné si longtemps attendu par cette Belle-au-bois-dormant : l'Italie. Rien de ce qui se passait autour de lui ne pouvait le distraire de sa pensée. Il marchait, indifférent, les yeux fixés sur quelque chose d'invisible. Absorbé dans son rêve, il voyait déjà Venise arrachée à l'Autriche, Rome rendue aux Romains, Naples conquise, le peuple régénéré, brisant ses chaînes, la patrie ressuscitée sortant de sa tombe. Vision radieuse que l'éclair de son épée illuminait.

On ne regardait l'homme qu'après avoir vu le héros. Son front, dégarni déjà, large à la base, était coupé de rides transversales profondes et minces comme des coups de sabre. Deux mèches de cheveux châtains, mêlés de poils blancs, couvraient ses tempes. Sa barbe blonde était serrée, épaisse et dure, son nez droit et fort, son œil bleu, petit, et profondément enchâssé.

Peut-être, si cet homme eût passé dans la rue, vêtu comme tout le monde, ne l'eût-on pas remarqué. C'était seulement en étudiant ses traits qu'on en découvrait la beauté réelle. Ils exprimaient la conviction profonde, le dévouement sans bornes, l'opiniâtreté invincible ; s'ils n'étaient remarquables ni par la mobilité ni par cette extrême délicatesse qu'on admire souvent chez les Méridionaux, ils avaient la robustesse, la force et la pureté des contours. Le regard, vif et clair, semblait un rayon du foyer intérieur : ce jet de lumière éclairait la placidité du visage.

Outre l'uniforme des volontaires, cet homme portait, attaché sur ses épaules, un petit burnous blanc dont le vent agitait les plis. Une paire de pistolets était passée à sa ceinture. De temps en temps, il s'arrêtait pour saluer. Sa main gauche, gantée, caressait le pommeau de son sabre.

Sur le passage de la troupe une foule accourait de toutes parts, composée d'hommes du peuple, de femmes et d'enfants déguenillés qui sautaient pieds nus dans les décombres encore chauds et d'où s'élevaient de longues fumées bleues. Les fenêtres et les portes grinçaient sur leurs charnières, et des têtes apparaissaient à toutes les ouvertures des maisons. Et de ces fenêtres, de ces portes, du milieu de cette foule grouillante, un cri s'échappait, immense, que répercutait l'écho : Garibaldi !

Nous revînmes avec lui au *Palazzo Reale*, où il habitait. Les femmes et les enfants le suivirent, toujours l'acclamant. Une vieille, au moment où il gravissait le perron, se jeta à genoux devant lui, et, gesticulant et poussant des cris, lui remit une pétition. D'autres s'obstinèrent à l'accompagner et montèrent à sa suite jusque dans les salons encombrés de soldats en armes. On les repoussait, elles revenaient, suppliantes, écartant du bras les baïonnettes et s'efforçant de toucher ou la main ou les vêtements du général. Quelques-unes s'imaginaient que Garibaldi faisait des miracles et que son contact suffisait à guérir les malades. Le catholicisme italien transformait le héros en thaumaturge.

Garibaldi était presque dieu. Les miracles qu'on avait en vain demandés au ciel, il les avait accomplis : on lui supposait une puissance surnaturelle. On le croyait invincible. Les balles glissent sur son corps, disait-on, comme les gouttes de pluie sur la toile cirée. On s'imaginait dans le peuple que l'Enfant Jésus avait des entretiens particuliers avec lui et que, dans les batailles, l'archange Michel lui faisait un rempart de ses ailes. Jamais saint, fraîchement canonisé, n'avait été traité avec plus de respect. C'était justice d'ailleurs. Quel saint avait fait, pour les Siciliens, ce que venait de faire Garibaldi ?

PALERME

Au *Palazzo Reale*, Garibaldi habitait une sorte de chambre de bonne au dernier étage, tout en haut, sous les toits. Nous, nous logions au premier, dans les appartements de réception. De nos fenêtres, on voyait la grande place, toujours pleine de monde, où grouillaient les musiciens ambulants et les soldats en chemise rouge. A midi, on se réunissait dans la salle à manger voisine du salon qui nous servait de dortoir. Garibaldi était généralement silencieux. Sa figure ne s'illuminait que dans le danger. Il parlait peu; mais on était gai autour de lui. Il avait, au fond, beaucoup de pitié et un peu de mépris pour le malheureux peuple sicilien qui baisait ses bottes et qui lui attribuait le pouvoir de guérir la fièvre et de ressusciter les morts.

Ce qu'il y avait d'admirable dans Garibaldi, c'était la foi. En lui-même ? Non. En la destinée, en la patrie. Isolé à Palerme avec son millier d'hommes, il n'avait pas une minute de doute sur le succès de son entreprise. Il avait la certitude de la victoire. Il savait l'Angleterre bienveillante, mais, outre le royaume de Naples, il avait toute l'Europe, y compris le gouvernement français, contre lui. Cette situation ne lui causait ni émotion ni inquiétude. Il se sentait le plus fort. Un matin, à la fenêtre, il me disait :

— Je guette le Napoléon comme le chat guette la souris.

N'est-ce pas caractérisque de la part d'un chef de bande parlant de l'empereur le plus puissant de l'Europe ?

De temps à autre, le matin surtout, j'allais dans la chapelle Palatine, alors déserte, où aucun visiteur n'entrait plus. Personne ne l'a vue. sans doute, plus silencieuse et plus belle. Que d'aventuriers avant nous y avaient passé, sans compter ceux qui l'avaient construite !

*
* *

Je ne sais pourquoi je revois ce soir un paysage de Sicile.

C'était le matin, à l'aube. Notre colonne passait dans un ravin étroit. A droite et à gauche, de grands rochers descendaient, en se bousculant, de hautes montagnes dont la cime était cachée par une vapeur. Dans le fond, parmi des pierres, coulait un ruisseau qui sautillait en faisant un bruit de castagnettes. Par-ci, par-là, de fentes profondes sortaient de petits arbres au feuillage léger. Plus haut, on apercevait des tiges d'aloès piqués dans le creux des granits comme des épingles dans des chapeaux de femme. La lumière avait une douceur infinie qui atténuait l'éclat des chemises rouges. Au loin, on entendait des coups de fusil.

Ce qu'il y avait de charmant dans le paysage, c'était cette vapeur qui enveloppait le ravin, hommes et choses, si fine, si nacrée, si transparente, qu'elle avait l'aspect d'un voile de soie changeante où la lumière se joue, où de vagues nuances se mêlent, où par instants on croit voir onduler de longs plis argentés. Une tache bleuâtre en haut du ciel, une tache d'écume blanche au bord du ruisseau, aux arbres une verdure pâlie, sur le dos des hommes une écarlate qui se teintait de rose; rien de plus, et cependant j'en ai gardé la vision. Et quel décor de théâtre : ces grandes roches dont les silhouettes s'entre-croisaient bizarrement, ces montagnes qui se perdaient dans de la clarté, cette eau qui vagabondait à travers les granits, toutes ces baïonnettes où s'allumaient des éclairs !

∴

Après quarante-six ans, je suis retourné à Palerme avec ma femme. Quel changement dans le monde et quel changement dans ma vie ! Ce n'est pas sans une émotion profonde que j'ai revu Palerme, où j'avais été témoin de tant d'événements extraordinaires, et où, tout jeune encore, le hasard m'avait jeté. L'armée des chemises rouges, les batailles pour l'indépendance italienne, Garibaldi, la ville prise d'assaut, les flottes d'Angleterre et de France dans la rade, la révolution accompagnée par la musique de Verdi, toute cette épopée des Mille qui semble aujourd'hui aussi fabuleuse qu'un roman de chevalerie, que de souvenirs me revenaient à l'esprit et m'oppressaient ! Il me semblait voir encore les ruines d'où s'élevaient d'épaisses fumées, des fantômes dans toutes les rues, les Garibaldiens avec leur fusil à piston, les *Picciotti* (1) avec leurs vêtements sombres et leurs couteaux emmanchés dans des bâtons. J'entendais encore le bruit des fusillades, les cris des combattants, les hurlements des foules qui poursuivaient les sbires, les airs d'opéra moulus par les orgues de Barbarie. Tout le spectacle qui autrefois m'avait ébloui, assourdi et enthousiasmé, réapparaissait à mes yeux et bourdonnait à mes oreilles, et j'éprouvais la sensation singulière de revivre dans le passé.

Rien n'efface les souvenirs de jeunesse, les premières impressions reçues. Tout cela reste gravé dans la mémoire et d'une manière si profonde que c'est parfois l'heure présente qui paraît ne pas exister. Ce qui n'est plus s'impose à l'esprit avec une telle force que la réalité s'oublie et que c'est elle qui prend l'apparence d'un rêve.

La place qui s'étend devant le *Palazzo Reale* a changé. Il y a aujourd'hui un square, des arbres, du gazon. Autrefois, elle était toute nue, poussiéreuse et de sol inégal. Le palais est resté le même. Au lieu du soldat en chemise

(1) Paysans révoltés qui suivaient l'armée de Garibaldi, toujours conduits par leur curé.

rouge qui montait la garde devant la porte, on voit un suisse en tricorne, en bas blancs, en habit bleu, la poitrine barrée d'un baudrier large de deux palmes, et les mains embarrassées d'une hallebarde. On a supprimé le corps de garde qui s'ouvrait à droite. A part cela, on peut se croire encore au temps où la révolution a renversé la dynastie napolitaine. La cour, le palais avec ses larges escaliers, ses deux hauts étages soutenus par des colonnettes, sont tels qu'ils m'étaient apparus quand, pour la première fois, j'y suis entré avec les troupes garibaldiennes. Si quelque chose me trouble, c'est le silence qui règne là où résonnaient les roulements du tambour, l'appel des clairons, les commandements militaires, les chants du bivouac établi sous les voûtes, où arrivaient, par bouffées, toutes les rumeurs de la ville en révolte. C'est un domestique en habit noir qui nous offre de nous montrer les appartements royaux que je connais mieux que lui. Nous entrons : tout est en place comme autrefois. Je reconnais les meubles, les tableaux, les consoles aux pieds dorés sur lesquelles on posait les sabres, les armoires contre lesquelles on appuyait parfois des fusils. Dans la grande salle qui domine la ville et dont les fenêtres s'ouvrent sur le balcon, je retrouve la place où était mon lit. Je m'arrête, et le domestique paraît s'étonner de me voir des larmes dans les yeux. Combien de fois j'ai été sur ce balcon et que de scènes curieuses ou terribles j'ai vues, penché sur sa balustrade de fer ! Le sbire sanglant que nos hommes arrachaient à la foule furieuse qui voulait le massacrer; les cadavres qu'on apercevait parfois, percés de coups de couteau, le long des maisons d'en face; les danses frénétiques autour des joueurs d'orgue; le défilé des *Picciotti* marchant un à un, toujours silencieux et graves, portant des piques, des tromblons, de vieux fusils, des poignards emmanchés dans des branches d'arbres, le curé en tête, brandissant la croix où pendait le Christ; Garibaldi passant au galop, tandis que des femmes se précipitaient sous les fers de son cheval pour pouvoir toucher son manteau ou baiser ses bottes.

Nous passons dans la grande chambre qui nous servait de salle à manger. On a enlevé la table ronde qui en occupait le milieu. J'écoute, espérant entendre le cliquetis des armes sur les parquets, qui annonçait l'arrivée de l'état-major et du général. Voilà l'embrasure de la fenêtre où Garibaldi m'a entraîné, où il m'a dit, étendant la main vers le nord : « Je guette le Napoléon comme le chat guette la souris. » Voilà les chaises où nous nous sommes assis.

Je me rappelle que tout le quartier à droite du palais en regardant la place avait été ravagé. Des fumées s'élevaient des maisons détruites, les balcons de fer pendaient le long des murs; à travers l'ouverture carrée des fenêtres on apercevait le bleu du ciel. Des malheureux fouillaient les décombres pour tâcher d'y retrouver leurs meubles ou leur argent. Pendant la bataille, nous avions tendu, à travers la *via di Toledo*, une grande voile de navire qui empêchait le palais royal de correspondre par signaux avec la flotte napolitaine ancrée dans le port. Cette *via di Toledo* s'appelle maintenant *corso Vittorio-Emmanuele*. Elle est pleine d'une population tranquille et souriante.

A MALTE

Je n'avais pas vingt ans lorsque je fus abandonné à Malte, à la suite d'une vive discussion avec le capitaine de la goélette qui me portait. Je n'avais qu'un louis dans ma poche. Les matelots me conduisirent en canot jusqu'à terre et me dirent adieu. Je restai sur le quai, debout, un peu étourdi, un peu effaré, et je les regardai regagner en ramant la goélette à l'ancre près de l'entrée du port de la cité Valette. Je les vis remonter l'échelle, hisser à bord l'embarcation et s'atteler au cabestan. Les voiles se déplièrent une à une, le foc d'abord, puis la misaine. Aussitôt la goélette vira et se présenta par l'arrière. Le capitaine était debout près du gouvernail, tout petit, à peine visible, et cependant je le reconnaissais. Au grand mât une flamme rouge se déploya, mince et longue sur le ciel. Je ne distinguai bientôt plus qu'un point blanc tout au plus gros comme une mouette. Puis rien.

J'avais vécu longtemps dans ce bateau. J'étais alors un pauvre garçon, très malingre, très sauvage, très sensible, très intraitable, volontiers dupe, avec des idées sur l'honnêteté poussées jusqu'à la folie, puisqu'elles causaient cet abandon. Le capitaine m'avait déposé, avec mes vingt francs, au milieu de la Méditerranée.

Je ne me rendais pas bien compte de cette aventure et j'en cherchais encore la cause en suivant du regard le bateau qui disparaissait à l'horizon.

Je restai longtemps sur le quai, même après que la goélette eut disparu. Mes habits, mes chemises, mon linge étaient enveloppés dans un drap de lit mal noué, et ils s'échappaient par les ouvertures. Ce paquet était resté sur le pavé, près de moi, déposé par un matelot. Je n'avais pas la force d'y toucher. Il faisait un temps admirable. La rade était bleue et calme. En face, il y avait un morceau de ville, des fortifications, des murs crénelés, des maisons avec des miradors. Au fond, à droite, la terre rousse de Malte, nue comme un marbre. J'entendais vaguement des gens qui passaient parler anglais ou italien. De gros oiseaux dont, en levant la tête, j'apercevais le ventre blanc, tournaient dans le ciel.

A la fin, je pris mon drap, je le chargeai sur mon dos et je grimpai les escaliers de la cité Valette.

Le souvenir de cette course m'est toujours resté, profond, amer. Je revois encore des rues qui montent, des femmes brunes dans leurs vérandas, avec des fichus orange, bleus, verts, rouges, jaunes, des hommes couchés à l'ombre, en travers des portes, des officiers anglais qui passaient, raides, une badine à la main, des Tunisiens portant des parapluies sous le bras, des enfants déguenillés qui couraient pieds nus; j'entends encore le bourdonnement de cette foule, ces cris, ces rires, ces appels, ces causeries, et il me semble que je souffre encore de toute cette indifférence que je sentais autour de moi. A vrai dire, je ne savais où me diriger. Je marchais, sans savoir pourquoi j'allais là plutôt que là. Je me demandais : Que ferai-je ? Un aubergiste me fera-t-il crédit? Où vais-je dîner ? Où vais-je coucher ? A quelle porte frapper ? A qui demander asile ? Et demain ? Et après ? Je pensais à me louer sur le port comme matelot et à gagner ainsi l'Italie et l'armée de Garibaldi que je regrettais tant d'avoir, malgré moi, quittée. Mais je réfléchissais que les bateaux n'allaient plus dans le royaume de Naples et, tout en songeant, je marchais, m'arrêtant seulement pour ramasser un soulier ou une chemise tombée de mon drap entr'ouvert.

Il y a cinquante ans de cela. Je n'ai jamais éprouvé plus vive la sensation de l'isolement. C'était la première fois que je me trouvais aux prises avec la vie. Je comprenais que je n'avais rien à attendre de personne, et cette foule étrangère qui m'ignorait, riait de moi ou me bousculait au passage, m'apparaissait comme l'image réduite du monde où j'allais entrer. Elle m'effrayait pour l'avenir. Je me sentais timide, peu sociable, peu communicatif, déjà envahi par cette hypocondrie qui a été la maladie de toute ma famille. Je me disais qu'avec ces dispositions je trouverais peu d'amis pour m'assister ou me venir en aide, que mon malheureux tempérament me conduirait à la solitude. Et, de fait, je me suis toujours trouvé isolé, même au milieu de ceux que j'aimais le plus, et j'ai traversé la vie un peu comme j'ai parcouru, par cette belle journée, les rues de Malte.

Enfin, je m'arrêtai devant une enseigne sur laquelle je lus ce nom : Durand. Je pensai trouver là un Français et j'entrai dans la boutique. Je m'adressai franchement à l'homme qui se tenait derrière le comptoir et qui devait être le propriétaire.

— A votre nom, lui dis-je, j'ai reconnu que vous étiez Français. Je ne crois pas m'être trompé.

L'homme se redressa de toute sa hauteur et me répondit fièrement :

— Proscrit de décembre.

Il ajouta :

— Et vous, monsieur, qui êtes-vous ?

A mon tour, je me redressai et je lui répondis :

— Garibaldien.

Sur quoi il me fit le salut militaire.

Je repris :

— Abandonné à Malte par mon bateau, je viens vous demander si, moyennant une rétribution modeste, vous pourriez me loger et me nourrir pendant quelques jours.

Il se pencha à mon oreille et tout bas me glissa ce mot :

— Républicain ?

Je fis signe que oui. Il me tendit la main, et je lui demandai l'adresse du bureau de poste, où je courus. Là, moyennant mes vingt francs, j'envoyai une dépêche à M. Pointel, directeur du *Monde illustré*, lui offrant d'aller, comme correspondant, soit en Italie, soit en Chine, soit en Syrie. M. Pointel avait déjà publié un croquis de moi que lui avait envoyé Durand-Brager, peintre de marine, que j'avais connu à Palerme. Il accepta mes offres et, dix jours après, je m'embarquais pour Beyrouth sur le cargo-boat *Boetia*.

EN SYRIE. — M. RENAN

Au moment de quitter Paris pour la Syrie, où il venait d'être chargé de diriger la mission scientifique de Phénicie, M. Renan entra chez son éditeur, Michel Lévy. Tout en causant de son voyage, il dit à celui-ci :

— J'aurais bien besoin d'un dessinateur qui m'accompagnât, qui me fît quelques croquis et qui fût capable de me rédiger quelques notes d'archéologie.

Michel Lévy lui répondit :

— Tiens, justement il y a à Beyrouth le petit Lockroy qui envoie des dessins au *Monde illustré*. Vous pourriez peut-être le prendre avec vous.

Renan accepta l'idée.

— C'est que, dit-il, je n'ai pas d'appointements à lui offrir.

— Donnez-lui un cheval, répondit Michel Lévy; je crois qu'il n'en demandera pas davantage.

Et ce fut ainsi que je devins membre de la mission scientifique de Phénicie.

Dès son arrivée à Beyrouth, j'allai voir M. Renan au Consulat de France. Il était assis auprès du consul, M. de Bentivoglio, sur un canapé, près de la fenêtre. Il me reçut avec bonté et, deux jours après, nous partîmes pour Djebail et Amschit.

Je dois beaucoup à M. Renan, et je lui ai toujours conservé une reconnaissance infinie et un respect profond.

J'ai vécu plus d'un an avec lui, et son contact m'a conduit à bien des études et à bien des réflexions que je n'aurais jamais faites sans lui. Il était venu en Syrie, accompagné seulement de sa sœur Henriette. Il avait déjà des tendances à l'obésité, mais ce n'étaient que des tendances. Ce qui frappait dans sa figure, c'était la grosseur de son nez et la petitesse de ses yeux. Ses cheveux plats de Breton lui collaient aux tempes; sa bouche était profondément ironique. C'est l'homme le plus séduisant que j'aie connu. Dès qu'il parlait, on ne songeait plus ni à sa démarche, ni à ses yeux, ni à son nez, et, comme dit le général Thiébault, sa transcendance éclatait.

Il avait gardé les manières sacerdotales. Tout en lui, la façon de se présenter, de sourire, de parler, de saluer, révélait le prêtre. La tête n'eût paru belle que si elle avait émergé, coiffée de la mitre, d'une chasuble ou d'un surplis.

Il était, aux mains de sa sœur, un peu comme un enfant. C'était elle qui l'habillait, le brossait, nouait sa cravate, l'aidait à se lever et le forçait, aux heures de repas, de se mettre à table. Elle était plus mère que sœur. Souvent elle le grondait et le réprimandait vivement. Lui s'excusait et demandait pardon, très humblement et d'une façon très touchante. Elle revoyait tout ce qu'il écrivait ou s'en faisait donner lecture. Elle disait son avis, très net, et cet avis était presque toujours suivi. Mlle Renan avait fait à peu près les mêmes études que lui ; elle entendait quelque chose au phénicien, parlait latin, savait le grec, plus quelques langues modernes. C'était un peu l'homme de la famille. Elle avait sur toutes choses des opinions très arrêtées et ne se laissait point aller aux mêmes élans religieux que son frère. Au fond, je l'ai toujours crue positiviste. Quand Renan, par hasard, manifestait un regret de ses anciennes croyances, une tendance à revenir à sa foi première, elle l'arrêtait d'un : « Allons, allons, Ernest ! » qui lui coupait la parole. Elle l'admirait beaucoup et avait concentré en lui toute sa tendresse.

Un jour, me promenant autour de la maison d'Amschit, dans un champ d'oliviers, je ramassai des morceaux de papier déchirés que le vent avait emportés çà et là. C'étaient des débris de lettres que Mlle Renan avait adressées à son frère pendant ses promenades aux fouilles. Quand il n'était pas là, elle lui écrivait, et, quand il était de retour, elle jetait ses lettres par la fenêtre, sans les lui remettre. Sa pensée ne la quittait pas. Elle avait eu une vie très dure et très mouvementée. Institutrice dans une grande famille, elle avait dû longtemps habiter la Pologne, quitter son frère qu'elle avait élevé, se séparer des siens. Elle avait beaucoup souffert. C'était une personne austère, sérieuse, qui avait gardé vis-à-vis des étrangers une froideur de professeur.

L'arrivée de Mme Renan, qui venait rejoindre son mari, la troubla profondément.

Mme Renan était alors très jeune, très mince, très fraîche et très jolie, très gaie aussi et très fière de son mari, qu'elle aimait beaucoup. Naturellement, elle l'enlevait un peu à l'affection jalouse de sa sœur : c'était elle qui le soignait, qui l'habillait, qui veillait sur lui à son tour, en un mot, qui prenait la place de Mlle Renan. Celle-ci ne pouvait pas s'habituer à cette dépossession. Elle en souffrait et sa souffrance se trahissait par des mots aigres quelquefois, toujours par une attitude triste et froide. Cette rivalité si aiguë rendait la vie difficile. M. Renan, seul, paraissait ne pas s'en apercevoir, et peut-être ne s'en apercevait-il qu'à demi. Comme tous les grands esprits, il était absorbé par son œuvre et n'accordait qu'une attention intermittente à ce qui se passait autour de lui. Il aimait beaucoup sa sœur, il aimait beaucoup sa femme, mais il ne pensait à elles qu'à l'heure du repas et un peu le soir. Il n'avait pas le temps d'entrer dans leurs petits dissentiments, et je crois qu'il ne regardait pas qui lui nouait sa cravate le matin.

Renan était dans sa famille ce qu'il était dans le monde. Je l'y ai vu bien souvent. Pendant qu'on lui parlait, il croisait les mains sur son ventre et dodelinait de la tête, les yeux au plafond, et pensant à tout autre chose qu'à ce qu'on lui disait. Puis, quand son interlocuteur cessait de parler et que l'absence de bruit le tirait de son rêve, il se secouait comme quelqu'un qui s'éveille, et, poussant un gros soupir, il s'écriait d'un ton convaincu :

— Ah ! comme vous avez raison !

Nous partions le matin tous les deux de la maison d'Amschit pour explorer les environs, lui sur sa mule, qui était une bête admirable, moi sur mon cheval, un animal terrible qui avait la manie de se renverser sur son cavalier et qui, ainsi, a causé la maladie et la mort d'un pauvre Italien, Sanchesco, à qui je l'avais prêté. Il était blanc moucheté, avait la queue teinte au henné d'un rouge éclatant et sa généalogie pendue sur sa poitrine, dans un sachet de cuir brodé. Il descendait d'une des juments favorites de Mahomet.

Toutes les chapelles du Kaïsserouan sont bâties sur l'emplacement de temples antiques; toutes sont ombragées d'un caroubier, débris du bois sacré d'autrefois; toutes sont construites avec de vieilles pierres sur lesquelles apparaissent parfois des signes ou des inscriptions à demi effacées. Renan y venait chercher la Phénicie.

Et pourtant, toujours, par une vieille et indéracinable habitude, il se jetait à genoux devant l'autel, restait quelques minutes et parfois assez longtemps en prière. Je m'expliquais d'autant moins ce phénomène qu'à ce moment il ne croyait plus. Il était déjà arrivé à ce haut degré de scepticisme qu'il ne laissa deviner que beaucoup plus tard.

Voulait-il se faire bien venir des Kouris et des Maronites, qui sont gens fort religieux ? Je l'ai pensé. Mais alors, pourquoi ces génuflexions et ces longues méditations, quand nous étions tous deux seuls et que personne ne pouvait ni nous voir ni nous entendre ? Sans doute il subissait malgré lui l'influence de son éducation première. Ses vieilles habitudes du séminaire étaient plus fortes que sa raison.

Peut-être priait-il véritablement; peut-être, selon sa propre formule, « adorait-il en esprit et en vérité ». C'était une âme très complexe. Il est possible qu'elle ressemblât à ses livres où il y a toujours une page pour la foi à côté d'une page pour le doute.

LE CAMP DES PINS

Dès mon arrivée à Beyrouth, j'avais constaté que les massacres commencés trois mois auparavant continuaient. Le corps expéditionnaire français venait de débarquer de l'infanterie, de la cavalerie et de l'artillerie.

J'habitais, à ce moment-là, une petite maison arabe perdue au milieu des mûriers, et qui appartenait à un gros bonhomme très bon enfant qui s'appelait le Cakvodja Pscharra (en français : Monsieur Conception). Il levait ses petits bras au ciel quand les chevaux de nos chasseurs d'Afrique lui mangeaient son foin et son avoine. Il est vrai qu'en débarquant, nos soldats avaient mis sa maison sens dessus dessous. Ce pauvre chrétien maronite tremblait à juste raison pour sa femme, qu'on bousculait souvent un peu. Il poussait de lamentables : Jésus ! Jésus ! mon Dieu ! ce qui amusait les chasseurs. « Ah ! criait le malheureux, on a jeté ma fille sur le foin ! toute ma famille est pêle-mêle par terre ! »

*
* *

Le général en chef avait envoyé tout le corps expéditionnaire camper dans un bois de pins, non loin de la mer, près d'un tronçon de route qui, plus tard, devait mener à Damas.

J'allais souvent à ce camp des Pins. Comme séjour, c'était abominable. On entrait dans le sable jusqu'aux genoux. Les pins ne faisaient pas d'ombre. La chaleur était horrible. Bien qu'on prétendît que l'endroit était sain, nous perdions beaucoup de monde. La fièvre pernicieuse et la dysenterie remplissaient le cimetière qu'on avait mis à la disposition de l'armée. Les ambulances regorgeaient de malades. Plusieurs fois je déjeunai au 2e zouaves, dans la tente du capitaine J.... C'était le type le plus complet du militaire d'alors, quelque chose comme un Lasalle, un de ces hommes pour qui le danger est une joie. Il avait une réputation à part dans l'armée. En lisant dans les Mémoires du général Thiébault ses conversations avec Lasalle et Murat, j'ai retrouvé J.... C'étaient l'amour, les femmes, la guerre et le 2e zouaves. Il ne sortait pas de là et n'en voulait pas sortir. Et quand il avait dit : le 2e zouaves, il avait tout dit. Et ce mot : le 2e zouaves, prenait dans sa bouche une amplitude incroyable. L'univers y tenait. On sentait qu'en dehors du 2e zouaves il n'y avait plus que le néant. Avec cela, beaucoup de verve, beaucoup d'esprit, une gaîté folle et, paraît-il, un très bon cœur. Je crois qu'il a été tué en 1870.

Le commandant B... était l'antipode de J.... Silencieux, réservé, discret, il s'occupait de sciences. Il emportait avec lui tout un attirail de botaniste. Il collectionnait les insectes et, dans les marches de la colonne, il avait toujours un tas de papillons piqués sur sa selle.

N... de C... appartenait au monde. Comme beaucoup de jeunes nobles, il faisait son service avec l'intention de prendre sa retraite en se mariant. Une balle à Melegnano lui avait traversé la figure, de droite à gauche, faisant tomber en chapelet, sur sa poitrine, toute la rangée supérieure de ses dents. Il s'était fait fabriquer, en revenant à Paris, un râtelier très bien fait et qui jouait la nature. Ce râtelier était mobile. Une des plaisanteries habituelles de C... consistait, quand une pauvresse maronite s'approchait de lui, en demandant l'aumône, à lui envoyer, d'un coup sec de la langue, son râtelier dans la main. Il était fort habile à ce jeu et ne manquait jamais son coup. La Maronite était toujours prise d'une terreur folle. Elle se sauvait en criant :

— *Gitane ! Gitane !* (C'est le diable).

C... était très joli garçon, très élégant, je crois riche, fort au courant des cancans de Beyrouth, très invité dans tous les consulats, quand la conférence internationale se réunit. Il semblait taillé sur le patron du marquis de M..., alors en faveur à la Cour. Si, comme lui, il ne faisait pas de comédies, il rimait des complaintes et des chansons. C... avait de l'esprit et de la gaité. Il se maria en revenant à Paris, donna sa démission, reprit du service en 1870, et mourut en 1878, administrateur du chemin de fer du Nord.

Un admirable soldat, adoré de ses hommes, et qui avait profondément réfléchi à son métier, c'était le commandant de notre bataillon de chasseurs, Ardant du Picq. J'ai rarement vu un chef ayant au même point la confiance de ses officiers et de sa troupe. Il fut tué en 1870.

Beaucoup de ces messieurs, le général de Beaufort en tête, s'étaient pris de passion pour les fouilles. Le lieutenant Sacreste, par exemple, jeune officier actif, supérieurement intelligent, à qui le capitaine L... laissait le soin de conduire la compagnie. C'est lui qui a déblayé la grande mosaïque byzantine qui est au Louvre.

Les soldats aussi se passionnaient, nos chasseurs surtout. Comme C..., ils faisaient des chansons ; ils mettaient en vers les rapports de Renan, quand ils nous arrivaient par l'*Officiel.* Le journal passait de mains en mains, du capitaine au caporal, et, ensuite, il reparaissait en couplets. J'ai souvenir encore des couplets de Maschnaka, qui valaient à peu près ceux de C...

Maschnaka était un sanctuaire phénicien, sur la rive droite du Nahr Ibrahim, l'ancien fleuve Adonis, très haut dans la montagne, endroit admirable, où, au milieu des pins, près d'une source, des figures antiques sont sculptées dans le rocher. De là, au fond d'une vallée profonde et sauvage, on voit couler le fleuve sur les bords duquel mourut Adonis. M. Renan y fut, en arrivant, enthousiasmé. Il remplit de la description de Maschnaka les trois quarts de son rapport à l'Académie des Inscriptions. Et les soldats, mettant en vers la prose du Maître, chantaient sur l'air : *Elle aime à rire, elle aime à boire :*

Maschnaka possédait un temple
Où les dévotes, tous les ans,
Se faisaient faire des enfants,
Donnant ainsi le bon exemple.

Refrain

Rien n'est plus beau que Maschnaka,
C'est le plus chic endroit du monde.
Du Pôle Sud au Kamschatka,
Rien n'est plus beau que Maschnaka !

Il y avait beaucoup de couplets comme celui-là.

Pourquoi toutes ces bêtises me reviennent-elles en tête, ce soir ? Peut-être parce qu'elles me rappellent un temps si heureux et d'une si grande insouciance. J'ai plaisir à les écrire. Il me semble que je revis ces heures-là.

DJEBAIL

A Amschit, à environ deux kilomètres de Djebail, M. Renan habitait une petite maison mise à sa disposition par un certain Michaël Thobia et qui, de loin, dominait la mer. On arrivait au premier étage, le seul habitable, à l'aide d'un petit escalier qui donnait accès dans un patio ; à gauche était la chambre de Mlle Renan, et une autre chambre où couchait Renan et qui servait de salon ; à droite, deux autres chambres encore, dont l'une faisait fonction de salle à manger. Je logeais, moi, dans une masure du village, qui avait des trous dans ses murs, par où le vent du large entrait furieusement. Je couchais par terre, sur une sorte de matelas que j'avais acheté à Beyrouth et que j'ai trimballé, dans tous mes voyages à travers la Syrie, sur la mule de Botroz, mon domestique arabe. Tout cela n'était pas luxueux. A Djebail, j'habitais avec les officiers, dans une vieille construction datant des Croisades, contre le rempart. Mais là, au moins, on m'avait fait un lit avec de vieilles caisses.

Michaël Thobia était un être extraordinaire. De son état il était usurier. Il avait ainsi fait une grosse fortune en ruinant le pays tout à l'entour. Sa considération s'en était accrue. Il était fort respecté et fort craint. Arrivé au seuil de la vieillesse, l'envie de bâtir lui était venue, et, dans son petit village d'Amschit qu'il possédait tout entier, il avait fait élever deux immenses maisons qui dominaient la campagne et où il avait déployé tout le luxe libanais. Elles étaient, d'ailleurs, assez jolies à l'intérieur ; à l'extérieur, c'étaient tout simplement deux grandes masses carrées, percées seulement de quelques petites ouvertures ogivales. Dans l'une de ces maisons il avait logé sa famille ; dans l'autre il s'était logé lui-même. Il vivait là en patriarche, vénéré de toute cette population dont il avait sucé le sang et la moëlle. C'était lui qui nous donnait l'hospitalité dans ses propriétés, et, de temps en temps, nous allions lui rendre visite. Ses filles, belles-filles et petites-filles nous offraient le spectacle de danses arabes. Nous buvions du café en applaudissant ces demoiselles et ces dames. Comme c'était toujours le soir que ces petites fêtes avaient lieu, on posait par terre un tas de lampes de forme antique. Quelques serviteurs jouaient du tambourin et d'autres chantaient. Renan souriait tout le temps et pensait à autre chose.

Une compagnie de chasseurs à pied avait été adjointe à la mission ; nous allions aux fouilles tous les jours. Les soldats, peu tenus, prenaient des initiatives parfois risquées ; l'espoir de trouver des trésors les excitait. M. Renan, par bonté, les laissait faire. Un jour, une escouade entama, de la pioche, au nord, près de la mer, un cimetière abandonné depuis peu de temps. Et voilà que tout à coup un caporal arrive à nous, échauffé, joyeux, poussant des cris de triomphe.

— Monsieur, monsieur, disait-il, nous avons trouvé des Phéniciens ! Ils ont encore leurs cheveux !

*
* *

Il y avait à Djebail une jeune femme qui menait une vie assez semblable à celle des courtisanes antiques. On la nommait Asthir. Elle était très considérée dans la ville. Le soir, les notables allaient dans sa hutte boire du café, causer et entendre de la musique. On racontait là que Paris était le plus grand port de mer de l'Europe, que l'empereur Napoléon achetait ses femmes en Angleterre, que le général Beaufort d'Hautpoul coupait lui-même le cou de tous les Druses qu'il rencontrait, et que Renan habitait le Palais-Royal. De temps en temps Asthir chantait, accompagnée par un petit tambourinaire. Quelquefois elle dansait, et sa mère, — une vieille hydropique, couchée au fond de la salle, — battait la mesure sur un coffre de bois rouge. Seule de toutes les filles de Djebail, Asthir se peignait outrageusement le visage, bien qu'elle fût assez belle pour n'avoir pas besoin de cette coquetterie. Elle portait des cercles d'or, très larges et très épais, aux bras et aux jambes; ses cheveux, très longs, disparaissaient sous une masse de sequins. Elle était assez grande, admirablement bâtie, avec des mains toutes menues, une taille souple, des dents merveilleuses et des yeux ardents. Et je me souviens que je la trouvais tout à fait bien mise, quand elle venait dans le bazar, habillée d'une veste vert clair qui laissait voir, nue, sa poitrine, d'un pantalon vert clair comme la veste, d'une ceinture rose et de babouches jaunes.

*
* *

Djebail, l'ancienne Byblos, avait bien deux cents ou deux cent cinquante habitants. Elle avait aussi quatre gouverneurs qui prétendaient l'administrer au nom de quatre autorités différentes. Elle était divisée en factions ennemies; on y faisait de la politique, avec des calomnies, des intrigues et des coups de bâton.

Je repense souvent à Djebail, où je me suis trouvé si heureux. La ville — si on peut appeler cela une ville — formait un demi-entonnoir en face de la mer, tout rempli de ruines, au milieu desquelles, de-ci, de-là, se nichaient des huttes en pierres sèches. Un grand mur crénelé entourait le petit amas d'habitations que dominaient, à droite, une formidable tour carrée construite avec des matériaux antiques, toute en bossage et toute jaune, et, à gauche, une vieille église romane dédiée à saint Jean. Souvent nous nous asseyions près de l'église. M. Renan regardait la tour que, par une erreur qui venait de sa joie de fouiller le sol phénicien, il penchait parfois à croire salomonienne; et, de fait, il était impossible de voir un monument d'aspect plus imposant et plus antique. Nous attendions là sa mule et mon cheval qu'amenaient les Moukres, pendant que le soleil se couchait.

Rien n'est plus difficile que de dater les monuments de Syrie. Tant de peuples ont passé là, tant d'architectures s'y sont coudoyées, que les erreurs sont faciles, même pour les yeux les plus exercés.

Chaque invasion s'est servie des appareils et des matériaux laissés par les invasions précédentes. Chaque conquérant s'est approprié, en les modifiant, les édifices et les forteresses qu'il rencontrait. Il en est résulté un mélange souvent indéchiffrable d'arts différents et de méthodes diverses. Sur des assises assyriennes ou égyptiennes, les Grecs, les Romains, les Croisés, les Arabes eux-mêmes ont tour à tour bâti, utilisant, parfois en leur donnant une disposition nouvelle, les pierres déjà équarries des constructions antérieures. Plus que probablement la grande assise du mur de Baalbeck était en place quand les Romains sont venus. Les angles de la grande tour de Djebail doivent appartenir à une haute antiquité, bien que les maçons européens du moyen âge les aient marqués de lettres de notre alphabet. Le plan du château-fort lui-même est-il si récent ? A cet endroit, toujours, du temps de la sainte Byblos comme du nôtre, il a dû y avoir un ouvrage militaire de défense, un réduit, une fortification qui abritait une garnison et protégeait la ville. Quoi d'étonnant à ce que les fondations primitives aient été successivement mises à profit par tous ceux qui ont voulu tenir le pays et s'y établir ?

Tous les gens qui ont passé en Syrie étaient pressés. Ils sentaient leur domination instable. Ils se savaient menacés par un ennemi. Ils avaient besoin de construire rapidement et de se mettre vite en état de défense. Tout leur était bon. Ils faisaient comme les gentilshommes italiens qui transformaient le Colisée et les temples antiques en forteresses. Ils employaient pêle-mêle les matériaux qu'ils trouvaient sur le sol. Ils bâtissaient avec des débris et sur des débris. Ils amalgamaient, vaille que vaille, leur architecture aux architectures anciennes.

C'est surtout à l'époque des croisades que le chaos fut complet. Non seulement, alors, on employa et l'on aménagea les vieux édifices, mais encore on mêla dans les mêmes constructions tous les styles et toutes les conceptions architectoniques de l'Europe. Le Kalat-el-Hosn donne un bel exemple de cette confusion. Certaines parties de ce château extraordinaire semblent avoir été bâties à des siècles d'intervalle. Les Français, les Allemands, les Anglais, les Italiens, ou du moins leurs architectes et leurs maçons, en travaillant côte à côte, sont arrivés à produire d'étonnantes antithèses et un désordre où l'on ne se reconnait plus. Pour s'en faire une idée, il faudrait supposer, accolés, la tour de Pise et le château de Pierrefonds. En core l'effet serait-il moins disparate. Là où a travaillé l'ouvrier du Nord, le roman est pur et l'ogive commence seulement à poindre, mais là où a travaillé l'ouvrier toscan, le monument prend un aspect antique.

On avait cherché ce qui pouvait distinguer l'architecture salomonienne, avant peut-être de se demander s'il y avait eu, ce qui est douteux, une architecture salomonienne. Il est bien probable que non. Quand Salomon a construit son temple, il a fait venir ses ouvriers de Tyr, et Tyr n'avait d'autres architectes que ceux qu'elle empruntait à l'Égypte et peut-être aussi à la Chaldée. De plus, la moitié au moins de l'édifice était en bois. Quoi qu'il en soit, M. de Saulcy, le premier, je crois, avait décidé que l'architecture salomonienne devait se reconnaître à deux caractères : en premier lieu à la grandeur des appareils et en second lieu à la taille des pierres en bossage. Où avait-il pris cela ? Je n'en sais rien. Saulcy, homme de beaucoup d'esprit, ancien capitaine d'artillerie et archéologue par hasard, s'était fait de la Judée, de Jérusalem et du roi Salomon, des idées tout à fait particulières. Il me semble bien, d'ailleurs, qu'elles l'avaient mené à l'Institut.

***

Le paysage autour de la vieille église de Djebail n'était pas sans mélancolie.

D'antiques pierres, dont les arêtes vives crevaient la terre, rappelaient la Byblos antique ; la tour parlait des grandes entreprises du moyen âge ; les petites huttes difformes, avec leurs toits plats en terre battue, plus ruinées déjà que les ruines elles-mêmes, disaient la misère actuelle et la déchéance irrémédiable. Tout en bas, on apercevait le port minuscule, circulaire et très régulier, où abordaient autrefois les galères de Tyr et de Sidon et où maintenant, à travers l'eau limpide de la Méditerranée, on distinguait des quantités de colonnes de granit brisées.

*
* *

Quand je me mis à faire de la photographie pour la mission, j'allai habiter ce qu'on appelait le couvent, à Djebail. C'était une pauvre maison, à l'intérieur du village. Par un escalier très étroit et de quelques marches, on arrivait à un petit patio, bordé d'un côté seulement par quatre cellules. J'en pris une pour mes instruments, une autre pour moi, où je recommençai à coucher par terre. Les deux autres étaient occupées, la première par un vieux curé maronite, la seconde par un autre curé, jeune, marié et très amateur de femmes.

C'est le vieux curé qui, dans un voyage précédent, me donnant l'hospitalité, m'avait dit, en m'offrant pour dîner deux poissons secs que nous devions manger avec nos doigts :

— Je te reçois comme te recevrait saint Pierre. Les temps ne sont pas changés, et c'est toujours Judas qui a la bourse.

DANS LE DÉSERT

Plus tard, M. Renan me confia quelques missions, soit pour aller estamper des inscriptions, soit pour en chercher, soit pour examiner des points qu'il n'avait pu reconnaître lui-même. Pendant un an, je parcourus ainsi la Syrie, que je finis par savoir par cœur et où je me retrouvais mieux que dans Paris, tout seul avec mon chien et Botroz. Ce furent les meilleures heures de ma vie. Je couchais où je pouvais, quelquefois à la belle étoile. Je demandais l'hospitalité, tantôt aux Bédouins, tantôt aux Métualis, tantôt aux Druses. Je risquais beaucoup de mauvaises aventures, mais j'étais jeune ; j'avais déjà ce goût de la solitude qui est devenu maladif par moments, et comme, avec cela, j'étais très gai, je m'amusais d'une façon folle. Je pensais, tout en allant, à ce que j'avais vu ou entendu; je me racontais des histoires à moi-même et je me souviens que, bien souvent, j'arrêtais mon cheval pour rire à mon aise.

* * *

Dans une de ces missions m'arriva une aventure assez curieuse. M. Renan m'avait demandé d'aller examiner un monument souvent signalé par les archéologues et qui se trouvait sur les confins de la plaine de la Becka et du désert, le Kanlia-el-Ḥurmul.

Le soleil échauffait terriblement mon cerveau. Il tombait implacablement sur ma tête depuis douze heures, écrasant les roches de sa lumière, m'enveloppant de feux, embrasant le sol où ses rayons se brisaient en m'éclaboussant. Était-elle plus insupportable, la chaleur qui s'élevait de la terre, ou celle qui descendait du ciel bleu, uni comme une glace et brillant comme un saphir, immensité lamentable où n'apparaissait pas la blancheur d'un seul nuage, où se répandait violemment l'explosion formidable du jour? Je ne sais. Et elle s'allongeait indéfiniment, la route ardente, toute hérissée de pierres et de cailloux, pleine d'étincelles partant en gerbes sous les pas de mon cheval, désolée, à peine visible dans l'amas des aspérités et des barricades naturelles, dévalant, rapide, le long des pentes, abritée d'une bande de granit, droite et haute, cachant l'immense horizon, pareille, avec ses fentes zigzaguées, à un ouvrage cyclopéen.

Mon chien Maroum, la langue pendante, le poil hérissé sur le cou, suivait, la queue basse, ponctuant notre marche d'un halètement cadencé. Et, derrière moi, j'entendais le pas sonore de la mule qui portait le bagage et sur le dos de laquelle, accroupi entre un sac de nuit et un matelas, habillé de vert tendre, coiffé d'un long mouchoir de soie retenu sur son crâne par une couronne en poil de chameau, Botroz chantait une mélancolique chanson d'amour.

Combien semblait long le temps, combien interminables les minutes, éternelles les heures ! Combien solitaire la solitude où nulle verdure ne reposait le regard fatigué et ébloui ! C'était une pente orientale de l'Anti-Liban, affaissée vers le désert, nue comme lui, plus aride encore, où les arêtes des pierres, scintillantes comme celles des diamants taillés, donnaient l'illusion d'un écrin. Réfléchie par le métal aveuglant de la montagne, que tachetaient çà et là de petites ombres claires, la lumière s'étalait partout. Sur ce paysage éclatant et lugubre, fait de deux couleurs, azur en haut, or en bas, pesait un profond silence, quelque chose de pareil au mutisme absolu du néant.

Et cependant, doucement, lentement, glissant silencieusement dans l'azur, le soleil commença à tomber vers l'horizon, et, tout à coup, le mur de granit qui depuis le matin me bouchait le désert s'arrêta, et toute la plaine gigantesque, énorme, infinie, apparut. Vide? Non. Pleine, bruyante, vivante, agitée, tumultueuse, grouillante, remplie tout entière jusqu'aux confins du ciel d'un campement de grands Bédouins venus d'Arabie avec le printemps. Les clameurs de la ville nomade arrivèrent à mes oreilles en même temps que la vision à mes yeux. Dix ou quinze mille chameaux formaient autour d'elle un cercle formidable; des troupeaux erraient çà et là; on apercevait les tentes de poils, bien alignées en deux avenues qui se coupaient à angle droit; au centre, une large place, devant laquelle s'élevait la tente plus haute du cheik. Des femmes qu'on voyait nues dans la transparence de leurs robes allaient puiser de l'eau dans des mares bleues et claires, et des armées de guerriers en tuniques romaines, la tête rasée avec seulement un bouquet de cheveux au sommet, armés de longues lances, exécutaient, montés sur de grands chevaux rapides, des simulacres de bataille, tandis que les vieillards, les jambes croisées, assis devant la porte de leur tente, fumaient lentement dans des narguilés de bois et de cuivre.

Tout cela m'apparut en une minute, comme si devant moi la toile qui cache un décor s'était levée. J'étais tombé dans un nid de brigands et j'avais beaucoup de chances d'y laisser ma tête.

Être dévalisé ou tué, alternative peu consolante. Mais je me souvins, heureusement, que les Bédouins ont le respect de leurs hôtes et je pris mon parti rapidement. Je mis mon cheval au galop, j'enfilai une des avenues et, suivi, accompagné, entouré, précédé d'une fantasia extraordinaire de guerriers qui hurlaient en agitant leurs grandes lances, j'arrivai devant la tente du cheik. Il fumait, assis au milieu de sa famille. Je m'arrêtai, descendis de cheval et je lui dis :

— *Naracksaïdi ya Abouna!* que ta journée soit heureuse, ô notre père! Je viens te demander l'hospitalité.

Il me regarda, se leva et me répondit:

— Entre, mon fils, tout ce que j'ai ici est à toi.

Je suis demeuré huit jours chez lui.

LA PLAINE DE TORTOSE

Un jour vint enfin où il fallut quitter Djebail. M. Renan avait pensé que nous devions explorer, au nord de la Syrie, dans la plaine de Tortose, un endroit nommé Amrit, point important de l'antique occupation phénicienne. On y voit, en effet, quelques monuments encore intacts, chose extrêmement rare dans le pays. Amrit se trouve en face de l'île de Ruad, très célèbre dans l'antiquité, centre aujourd'hui de la pêche des éponges.

La mission tout entière et la compagnie de chasseurs à pied s'embarquèrent sur un aviso de l'État, le *Colbert*, pour Amrit.

A Tripoli de Syrie, où nous nous arrêtâmes, on nous prévint que la montagne Ansariée était en armes et que nous trouverions dix mille guerriers dans la plaine, décidés à s'opposer au débarquement de la compagnie et au nôtre.

A une grande distance de la côte, à cause du peu de profondeur des fonds, nous jetâmes l'ancre et nous passâmes la nuit. Une barque venue de Tortose nous accosta pour nous annoncer que l'armée ansariée était derrière les dunes. Le lendemain matin, on fit branle-bas de combat; on se rapprocha de terre et, dans les canots du bord, la compagnie gagna la plage. J'étais avec les officiers. M. Renan et Mme Renan, restés sur le bateau, nous suivaient de la lorgnette. Nous avions pour objectif une petite butte, probablement artificielle, près du rivage. On pensait que la compagnie devait se grouper là pour mieux résister à l'ennemi, s'il y avait lieu. D'un seul élan nous gravimes la butte. J'arrivai le premier en haut, ce dont je fus enchanté. Bien entendu, la plaine était vide.

***

C'était un endroit délicieux et terrible que cette plaine de Tortose, déserte sur une longueur d'une cinquantaine de lieues. A l'est, la montagne Ansariée, à l'ouest la Méditerranée la limitent. Un rempart de petites dunes de sable qui bordent la mer y empêche l'écoulement des eaux. A peine, de-ci de-là, quelques rivières parviennent-elles à se faufiler jusqu'à la plage. Le reste forme de grandes flaques stagnantes au fond de toutes les déclivités du terrain. Le sol est imbibé comme une éponge. Aussi la fièvre se promène-t-elle sur tout le pays avec les vapeurs qui s'élèvent du sol. Le soir, l'odeur est insupportable, au point qu'on est obligé de tenir sa tente fermée. Toutes les bêtes de la création se donnent rendez-vous là. Les troupeaux de chacals y foisonnent, suivis de la hyène. Nous allumions des feux pour les éloigner ; peine perdue. Les chacals venaient autour de nos tentes et parfois marchaient sur la toile. Le camp était envahi pendant la nuit par une collection de serpents et de loups.

Quelques parties de la plaine sont cultivées par les Ansariés. Mais ceux-ci habitent la montagne. Dès que le soleil descend à l'horizon, ils se sauvent au grand galop de leurs chevaux.

Que j'ai passé là, malgré la fièvre, des heures de joie folle à faire la fantasia sur mon cheval blanc à queue soigneusement teinte au henné ! Une de nos distractions, avec le capitaine de la compagnie de chasseurs à pied, c'était, quand nous nous approchions de la montagne, de charger les troupes de moissonneurs ansariés que nous rencontrions. Alors nous poussions des cris de sauvages et nous nous lancions bride abattue dans ces grands blés où nos montures entraient jusqu'au poitrail. On croyait galoper dans une mer jaune. Les Ansariés fuyaient de tous côtés, mais nous décrivions de grands cercles qui, en se rétrécissant, les obligeaient à se réunir en tas au milieu du champ, pêle-mêle, avec les petits enfants et les femmes. A ce moment, nous nous arrêtions net et, tout tranquillement, comme si rien ne s'était passé, nous les saluions de la formule arabe :

— Que votre journée soit heureuse, ô mes amis !

En y pensant je trouve cela absurde. En le faisant je trouvais cela délicieux. Non que la frayeur de ces pauvres gens me fît un plaisir particulier, mais la course, les sauts du cheval dans les sillons, le battement des vagues d'épis contre ses flancs, le vent de la mer, la lumière du soleil, la joie d'agir et de vivre me grisaient comme du vin.

*
* *

M. Renan ne vint que deux fois à Tortose et à Amrit. Il y resta peu de temps et il oublia de nous laisser du sulfate de quinine dont, pourtant, nous devions tous avoir tant besoin. C'est un endroit mortel. Tous les pauvres petits Ansariés, qui cependant habitent la montagne avec leurs parents, ont des ventres énormes; la fièvre les mine déjà. Cette population ansariée, très clairsemée, est très pauvre. Elle habite en hiver de petites huttes de terre sèche et, en été, des cages de feuilles, placées à trois ou quatre mètres au-dessus du sol et portées par quatre madriers. On y grimpe par une échelle.

Un des cheiks de ce pays m'avait pris en amitié. Il me disait souvent :

— Reste avec moi. Tu seras mon fils et nous irons piller les caravanes.

J'ai quelquefois regretté de ne pas avoir dit oui.

Dans les environs de Lattaquié existe une secte ansariée qui adore la femme. On trouvera dans mes papiers la traduction d'une prière qui doit, là-bas, équivaloir à notre *Pater*. On l'a découverte, cachée dans le turban d'un prêtre assassiné, dont le cadavre, lardé de coups de cangiar, gisait au milieu d'un champ.

La prière du prêtre ansarié est curieuse. Elle est adressée à l'objet du culte, naturellement. On ne pourrait la publier qu'en latin. Mais certainement elle reproduit quelques formules antiques. Le culte est très ancien. M. Renan a estampé, dans une grotte, taillée de main d'homme, une frise faite tout entière d'ornements sur la nature desquels il est impossible de se tromper. Le capitaine L... disait :

— Quand nos hommes se permettent des dessins pareils sur les murs de la caserne, nous les envoyons à la salle de police.

Et voilà comment finissent les religions.

*
* *

Il y a une grosse tête de sarcophage en basalte au Louvre, salle de la mission de Phénicie, que je vais voir de temps en temps, car c'est moi qui l'ai trouvée dans la plaine de Tortose, et cela me rappelle ma jeunesse.

Je quittais le camp, un matin, à cheval, pour aller à Tortose, lorsque, après avoir passé à gué le fleuve d'Amrit, je vis sur ma droite un grand trou. Le hasard m'y fit distinguer dans le fond quelque chose qui ressemblait à une pierre arrondie. Je descendis dans le trou et, en tâtant avec la main, je constatai que la pierre était, en effet, polie et travaillée de main d'homme. Elle avait la forme d'une momie. Le couvercle arrondi se terminait par une énorme tête humaine très grossièrement sculptée. Elle avait été brisée en deux morceaux par les détrousseurs de cadavres qui nous avaient précédés. Elle ne portait aucune inscription, mais elle rappelait vaguement le couvercle du célèbre sarcophage d'Eschmounazar. L'influence de l'Égypte y est visible. Les Phéniciens n'ont jamais eu, à proprement parler, d'art national. Leurs monuments ne sont pas à eux. Tantôt ils imitent l'Assyrie, tantôt l'Égypte, tantôt la Grèce, selon le temps et selon la mode. Probablement ils faisaient venir des ouvriers, des architectes et des sculpteurs de Ninive, de Babylone, de Memphis, de Thèbes ou d'Athènes. Je crois que ce qu'ils ont produit de plus original, ce sont les deux phallus de la nécropole d'Amrit, que la mission a reconstitués. Encore y a-t-il, sur l'un d'eux, les traces visibles d'une frise absolument assyrienne. L'ensemble est cependant particulier et imposant.

Je pris quatre hommes avec moi; on agrandit le trou à coups de pioche, et je dois dire que ce fut une des grandes joies de ma vie que de voir apparaître tout à coup cette grosse tête phénicienne qui semblait nous regarder. Un moment je crus avoir mis la main sur un nouvel Eschmounazar. J'attendais une inscription. Tout le sarcophage fut mis à l'air. Malheureusement, il n'y avait rien d'écrit. Le Phénicien avait voulu garder l'incognito.

C'est lui que, de temps en temps, je vais voir au Louvre.

∴

C'est une sensation curieuse que de se réveiller au fond d'un tombeau. Je l'ai éprouvée une fois. C'était dans la plaine de Tortose, là où commence la *Jérusalem délivrée*. J'étais allé assez loin du campement, à cheval, jusqu'aux grands monuments phéniciens. Il y en a trois, très remarquables : deux énormes phallus et un tombeau. Une pierre gigantesque en forme de couvercle de sarcophage cache l'entrée d'un souterrain où se trouvent des chambres mortuaires. C'étaient ces chambres que je devais dessiner. Elles sont, d'ailleurs, dans l'atlas de la mission de Phénicie.

J'attachai mon cheval à des broussailles. J'entrai dans le souterrain, m'éclairant d'une bougie. Après avoir traversé la première salle, je passai dans la seconde, puis dans la troisième, mais à ce moment, tout à coup ma bougie s'éteignit et je tombai de trois ou quatre mètres de haut au fond d'un énorme trou carré, ou plutôt au fond d'une chambre, taillée dans le roc, où, autrefois, avait dû être le sarcophage. Le coup fut si violent, ma tête porta si durement sur la pierre que je m'évanouis.

La situation était critique, car la plaine est absolument déserte — elle a quarante lieues de long — et personne au camp ne savait où j'étais allé. Combien de temps suis-je resté là ? Je l'ignore. Je sais qu'à un certain moment j'ai entendu des voix : « Le voilà ! Est-il mort ? » Alors j'ouvris les yeux et je me vis couché dans une tombe. Au-dessus de ma tête, se penchant, il y avait deux chasseurs à pied effarés. Ces braves gens étaient allés chasser. Ils s'étaient perdus. Puis ils avaient entendu hennir mon cheval. Craignant qu'il ne me fût arrivé quelque chose de fâcheux et que je n'eusse été assassiné par un rôdeur — il y en avait parfois, — ils avaient appelé. Comme je ne répondais pas, l'idée leur était venue d'entrer dans le souterrain et de l'éclairer avec des allumettes. Il fallut une demi-heure pour me tirer de là.

La grande préoccupation de tous les souverains de l'antiquité, grands et petits, Pharaons d'Égypte ou roitelets de Syrie, était d'empêcher que des malfaiteurs ou de simples voleurs pussent violer leurs tombes. Ils avaient recours pour cela à des combinaisons ingénieuses : tantôt ils cachaient la chambre du sarcophage, où ils devaient dormir leur sommeil éternel, au milieu d'un labyrinthe de corridors et de couloirs destinés à égarer les violateurs ; tantôt, au milieu d'une chambre quelconque, ils creusaient une seconde chambre où serait placé le sarcophage, et que l'obscurité qui règne dans ces lieux funèbres devait dérober à tous les regards. C'était le cas du tombeau où j'étais tombé.

∴

En face du camp, à une lieue en mer, il y avait un îlot de rochers d'une centaine de mètres environ. Je m'y fis conduire un jour, je l'explorai, et ma surprise ne fut pas petite en y trouvant une statue de basalte noir, assez grossière, il est vrai, représentant une femme drapée. Elle était couchée au centre de l'îlot, parmi les pierres, sans qu'aucune trace de piédestal ou de socle ou de pierre taillée quelconque indiquât la place qu'elle avait précédemment occupée. Cependant, voulant m'assurer du fait, je renvoyai ma barque au camp avec mission de me ramener des hommes et je restai seul sur l'îlot pour l'examiner dans tous ses détails. Je fus trois ou quatre heures environ à faire le Robinson sur ce tas de roches. La barque revint. Nous eûmes beaucoup de peine à embarquer la statue, qui était un peu plus grande que nature. Nous la ramenâmes vers le soir seulement sur la plage d'Amrit où, loin de la mer, nous la déposâmes. Les hommes étaient fatigués. Je pensai qu'il était impossible de la traîner jusqu'au camp, éloigné d'environ trois cents mètres. Elle ne courait d'ailleurs aucun danger. La plaine était aussi déserte le soir que le jour, et, d'ailleurs, il aurait fallu au moins une mule ou deux pour l'enlever.

Le lendemain matin, nous allâmes avec notre

mulet chercher la statue. Par suite de quel phénomène ne pûmes-nous la retrouver ? Je l'ignore. Elle avait disparu et nous ne la revîmes jamais. Nous fîmes beaucoup d'hypothèses : des gens de Tortose seraient-ils venus la prendre ? Mais d'abord, personne, la nuit, ne se hasardait dans la plaine : peur des fantômes, des bêtes féroces, de l'obscurité, et ensuite il aurait fallu une expédition dans un pays où les voitures sont inconnues. Seraient-ils venus en barque ? Nos sentinelles les auraient aperçus. Et puis, pourquoi ? La population entière de Tortose se composait d'une centaine de personnes à peu près, gens très doux, qui, loin de nous voler des antiquités, cherchaient par tous les moyens à nous en vendre. D'ailleurs, Tortose n'est qu'une petite forteresse ; nous allions dans toutes les chambres et je ne sais pas où on aurait caché une statue. L'hypothèse du vol était absurde. Encore une fois, nos sentinelles avaient fait très bonne garde, cette nuit-là, et, du point où étaient celles de l'ouest, on voyait très bien l'endroit où, sur le sable, la statue avait été déposée. Il avait fallu huit hommes pour l'amener de la barque jusque là. Il aurait donc fallu le même nombre d'hommes pour l'enlever. Enfin, quel intérêt des pêcheurs arabes ou des rôdeurs ansariés auraient-ils eu à s'emparer d'une statue de basalte ?

Cette hypothèse écartée, à cause des sentinelles, à cause de l'impossibilité du transport, à cause du peu d'intérêt de la chose, restait l'hypothèse du sable mouvant. Se serait-elle enfoncée par son propre poids dans une profondeur inconnue de la plage ? Mais précisément, malgré la fatigue de nos hommes, nous l'avions tirée, halée à grand'peine, tout en haut, près de l'herbe, là où nous nous promenions tous les jours et où le terrain était solide. Pas plus que le vol cette hypothèse n'était admissible.

Alors, que s'était-il passé ? Parfois je me le demande encore. Quand nous revînmes, le matin, la plage était unie et lisse ; aucune trace de pas, aucun soulèvement du sol. La mer avait été tranquille comme un lac. Notre mulet, nos chevaux et nos hommes marchaient sur un terrain solide. Cependant, il n'y avait plus de statue. Je pensai à la Vénus d'Ille de Mérimée. Avais-je mis la main sur une divinité phénicienne qui, mécontente d'être dérangée, était retournée toute seule à son îlot ?

Je n'ai jamais eu la clef de ce mystère.

L'ARMÉE DE SYRIE

Cette pauvre expédition militaire de Syrie manqua tous ses effets. La diplomatie anglaise et l'hostilité de la Turquie la retinrent aux environs de Beyrouth. Alors qu'on croyait que l'armée allait marcher sur Damas, elle s'arrêta à mi-chemin dans la plaine de la Becka. A peine eut-elle l'occasion de tirer quelques coups de fusil contre les Druses embusqués dans une gorge du Liban. Je l'accompagnai à Deir-el-Kamar que nous trouvâmes plein de cadavres séchant au soleil depuis quatre mois. C'était un spectacle effroyable. Rien n'avait été changé depuis le jour du massacre. Les Druses massacreurs étaient retournés chez eux et les chrétiens étaient tous morts.

Une odeur horrible, qu'il me semble sentir encore, empoisonnait toute la vallée. Des femmes, qui s'étaient évadées la veille de la tuerie, accompagnaient les troupes. Le pays était désert. Quand l'état-major arriva sous la voûte de la porte principale, les cadavres apparurent. Ils remplissaient entièrement la rue, entassés pêle-mêle entre deux rangées de maisons sanglantes. Amalgamés par la pourriture, ils ne formaient plus qu'une sorte de bouillie humaine cuite à la surface par le soleil. De grands vautours y plongeaient leurs becs. Nos chevaux s'y enfonçaient jusqu'aux genoux. Le jeune duc del Recuerdo, infant d'Espagne, qui nous accompagnait, lâcha les rênes et s'évanouit.

Les femmes s'élancèrent en avant. Elles cherchaient dans cette boue gluante à reconnaître les cadavres, soulevaient des têtes qui se détachaient toutes seules du tronc, et remuaient le cloaque. Elles poussaient des cris pour effaroucher les vautours, sans réussir à les faire s'envoler. Quelques-unes tombaient inertes, à demi asphyxiées, le long des maisons. Nos soldats étaient pâles, malades à la fois d'horreur et d'écœurement.

Le long du mur du sérail, il y avait un tas énorme de mains coupées, et près de là un tas non moins énorme de têtes. Des créneaux où s'étaient faites les exécutions descendait une épaisse couche de sang figé. On croyait, de loin, voir un tapis de couleur sombre, cloué sur le mur. Dans les intérieurs on trouvait des membres humains épars. L'incendie allumé après le massacre avait laissé intacts ces débris. Au milieu de l'église vide, mais encore entière, le vent promenait les feuilles à demi consumées d'un Évangile. J'en ramassai quelques-unes que j'ai encore. L'armée se mit en devoir d'enterrer les victimes. Elle était condamnée à ne faire en Syrie qu'une besogne de fossoyeur.

*
* *

Dans la suite, plus encore peut-être que la diplomatie anglaise et l'astuce ottomane, la rivalité du général Ducrot et du général de Beaufort d'Hautpoul paralysa cette pauvre expédition. Bien que sous les ordres de Beaufort d'Hautpoul, Ducrot se livrait à une opposition ouverte. Il voulait qu'on agît, tout en sachant que Beaufort d'Hautpoul était forcé par le gouvernement impérial à l'inaction. Les choses allèrent si loin que Ducrot quitta Beyrouth et se retira chez les Jésuites à Ghazir, dans le pays chrétien. Naturellement, les officiers étaient partagés et la majorité d'entre eux tenaient pour Ducrot. Ils souffraient de se voir joués par l'étranger, et leur colère était d'autant plus grande qu'ils avaient plus compté sur le succès de l'expédition. Beaufort d'Hautpoul était très bon, mais de caractère timide. Il craignait peut-être un peu trop les responsabilités. Sans nul doute, s'il avait voulu, il aurait pu dès le premier jour marcher sur Damas, s'en emparer et mettre ensuite la main sur tous les chefs druses, sans que ni la Turquie ni l'Angleterre osassent rien dire. Au lieu de cela, il se laissa circonvenir ; il perdit un temps précieux à établir les troupes au camp des Pins. Il permit à nos adversaires de se concerter, de se remettre de leur émotion, de s'entendre, et, finalement, de lui rendre toute initiative impossible.

Ducrot, qui n'arriva en Syrie que lorsqu'il n'y avait déjà plus rien à faire, profita de la situation pour tomber sur son chef et s'acquérir de la popularité parmi les soldats. Il était intempérant, brutal, présomptueux, incapable, au fond tel que nous l'avons vu pendant la guerre et pendant le siège de Paris. C'était un homme qui voulait toujours entreprendre de grandes choses, mais dont les ponts étaient toujours trop courts. Il partait pour Berlin, mais il n'arrivait jamais à passer la Marne. Sa faconde inspirait confiance. Cependant, s'il avait été à la place de Beaufort d'Hautpoul, il n'aurait peut-être rien fait de plus.

Le plus intéressant de ces officiers, c'était le commandant Chanzy. Il était jeune encore, joli garçon : une tête militaire, une moustache blonde retroussée, de beaux yeux bleus, l'air mousquetaire et cependant réfléchi. Il parlait de l'armée en sage. Le désordre de la campagne d'Italie l'avait frappé. Il sentait que nous avions perdu le sens de la grande guerre. S'il ne s'expliquait pas sur l'incapacité des chefs, on devinait qu'elle le préoccupait. Il disait que les campagnes d'Afrique avaient été plus funestes qu'utiles et que, si elles avaient développé chez les hommes le courage individuel, elles avaient fait oublier aux généraux la tactique et la stratégie. Il passait pour un travailleur et il travaillait, en effet, beaucoup. Ses camarades lui trouvaient de l'avenir. Hélas ! il ne devait montrer ses qualités militaires que lorsqu'il n'était plus temps, dans la défaite et dans le désastre.

Il me semble que je suis sur la terrasse de notre petite maison de Raz-Beyrouth, quand je les voyais venir le long de la mer, au grand galop de leurs chevaux, Chanzy, B..., qui devait jouer à Metz un si triste rôle, R..., qui était aussi à Metz, et tant d'autres !... L'or des aiguillettes et des épaulettes brillait au soleil ; le rouge et le bleu des uniformes se détachaient sur la blancheur des murs et sur la verdure pâle des cactus ; les passants se rangeaient respectueusement ; les femmes remuaient leurs voiles et imitaient le cri des cigales. Tout cela semblait promettre de la gloire.

*
* *

L'armée dut partir sans avoir rien fait qu'enterrer des morts, fouiller des nécropoles et obtenir des autorités turques qu'elles consentissent à couper la tête à un certain nombre de cheiks druses. Saïd-bey Djimblat fut de ceux-là. Il mourut bien. Le matin de l'exécution, un envoyé du pacha vint lui demander, de la part de son maître, quel était son dernier vœu, lui promettant que, quel qu'il fût, il serait accompli.

Djimblat répondit :

— Je veux qu'on me bourre une autre pipe.

Et il tendit son chibouk éteint. La France ne remporta pas d'autre avantage.

Le départ fut triste. L'escadre anglaise, rangée sur deux lignes, formait une avenue que les bateaux qui emmenaient nos soldats étaient obligés de parcourir. Cela ressemblait à une capitulation. Les humiliations et les désastres commençaient. Nous en avions, par moments, un pressentiment vague. Combien de fois Chanzy, qui avait fait la campagne d'Italie, frappé de l'indiscipline des troupes et de l'incohérence du commandement, m'avait-il dit : « La prochaine fois que nous nous trouverons en face d'une armée européenne bien conduite, nous risquons d'être battus. »

Et pourtant, c'était, avec tous ses défauts, une jolie armée, bien brave, bien gaie, bien audacieuse, bien insouciante, bien amoureuse des dangers, bien sûre d'elle-même, bien batailleuse et bien folle. Elle ne savait plus la grande guerre, elle se battait comme une sauvage, elle avait fait le Deux-Décembre, et malgré tout on l'aimait. Le gouffre de Sedan l'a engloutie. Nous n'en verrons plus de semblable. J'ai vécu ses derniers jours de gloire avec elle.

TRIPOLI DE SYRIE. — DANS LE LIBAN

L'armée partie, je retournai à Amrit, où m'attendaient le docteur Gaillardot, ancien officier de l'armée d'Ibrahim-pacha, attaché à la mission, et Thobois, notre architecte. Je trouvai une petite felouque, chargée d'Arabes, qui s'en allait à Tripoli de Syrie. Nous passâmes, le soir, entre les bateaux de la flotte internationale, tous à l'ancre dans la baie Saint-Georges, au moment où l'on amenait les pavillons. J'éprouvais un profond sentiment de tristesse. Quelques-uns de mes amis étaient à bord. Je savais qu'ils souffraient de notre humiliation et de l'avortement de notre entreprise. J'en souffrais comme eux et je pensais à la situation difficile où allaient se trouver les Français en Syrie, et nous en particulier. L'échec que la France venait d'essuyer allait être exploité terriblement par nos ennemis — ce qui ne manqua pas — et la terreur que nous avions d'abord inspirée allait se changer en dédain et en haine. Quant aux Maronites, nous les laissions sans appui.

Ma felouque était bondée de monde et de paquets. Il y avait des femmes, des enfants et je ne sais combien de pouilleux de toutes les religions. Je trouvai cependant un petit coin, à l'avant, près du beaupré, où je pus m'étendre avec un foulard sur les yeux. J'avais perdu mon chapeau deux ou trois mois auparavant, en arrivant à Amrit, et mon voyage à Beyrouth avait eu en partie pour but de m'acheter un nouveau couvre-chef. En m'éveillant, le matin, je sentis d'horribles frôlements sur mes jambes. Malgré la présence de tant de gens, j'ôtai mon pantalon, je le secouai dans la mer et il en tomba une vingtaine de cancrelats. Ce fut une impression désagréable.

Le vent nous avait favorisés. Nous arrivâmes sur les neuf ou dix heures à la marine de Tripoli. Là, je fus accosté par un pêcheur qui me demanda si par hasard je savais où étaient les Français campés dans la plaine de Tortose. Il croyait que nos chasseurs y étaient encore. Je ne le détrompai pas. Je lui dis que j'allais les retrouver. Il m'annonça l'intention de leur vendre quelques marchandises. Je l'invitai à les mettre dans son canot et nous convînmes de partir ensemble. Je devais lui indiquer l'emplacement du camp et, fort heureusement, il avait besoin de moi.

Mon cheval étant resté à Amrit, j'étais fort embarrassé pour y retourner. Ce pêcheur me tirait d'affaire. Nous avions pris rendez-vous pour trois heures, heure à laquelle le vent se lève. Je gagnai Tripoli de Syrie en attendant. Mais voilà que j'entre dans un café délicieux au bord de l'eau, que je demande un narguilé et qu'après avoir fumé je m'endors d'un sommeil de plomb. A cinq heures du soir à peu près, je sens une main qui s'abat sur mon épaule : c'était mon pêcheur qui, après avoir couru toute la ville, venait, par hasard, de m'apercevoir. Nous regagnons la marine à la hâte. Mais il est près de six heures quand nous arrivons. Le vent faiblit. Nous partons néanmoins tous les deux. Le canot est tout petit. Il est encombré de tonneaux d'araki et de sacs de tabac destinés à la compagnie absente. Cependant la nuit est calme. Au lever du soleil, la brise tombe tout à fait. Mais le paysage est admirable. Toujours je me souviendrai de cette matinée. Le pêcheur a sauté à terre; il attache une longue corde à l'avant du bateau et le hale. Je me suis assis à l'arrière et je tiens la barre. A droite s'étend à perte de vue la longue plage déserte, où la mer vient mourir sans jeter d'écume; de petites dunes la bordent çà et là, couronnées de verdure cachant la plaine d'où s'élèvent des vapeurs blanches. Plus loin se profilent sur la clarté de l'orient les montagnes derrière lesquelles se lève le soleil. A gauche, c'est l'infini de la Méditerranée. De grands oiseaux volent très haut dans un ciel bleu tendre qui, peu à peu, s'emplit de lumière, et je sens une douceur profonde à regarder, à respirer et à vivre.

Nous allons ainsi pendant six ou sept heures. Enfin nous atteignons la petite rivière où la grosse chienne de la compagnie apprenait à nager à mon jeune chien, leçon de natation extraordinaire et qui bien souvent nous avait intéressés à regarder. J'aperçois Gaillardot et Thobois sous la tente. Le camp n'existe plus et quatre ou cinq cavaliers ansariés, loués à un cheik ami, ont remplacé les soldats.

Nous restâmes là tous les trois longtemps

encore. Gaillardot dressait le plan d'Amrit; Thobois restituait les monuments. Moi je dessinais les intérieurs de tombeaux.

La saison s'avançait et la plaine devenait de plus en plus mortelle. Il n'y avait plus moyen d'aller à l'île de Ruad. L'esprit de la population avait changé. Déjà, du temps des soldats, j'avais manqué deux fois d'y être égorgé. Ruad est à environ trois quarts de lieue en mer, en face de Tortose. C'est un groupe de maisons qui sort de l'eau, entouré d'une muraille antique en grande partie ruinée et assise sur le roc taillé. La population, toute musulmane, est fanatique. Elle est occupée à la pêche et n'a avec la terre que peu de rapports. J'y allais peindre une étude à l'huile que M. Renan m'avait prié de faire, accompagné d'un chasseur à pied. Une barque de Tortose — il y en avait trois — se chargeait de nous transborder. Quand nous arrivions à Ruad, tout le monde s'enfermait dans les maisons et à travers les portes nous criait des injures. Souvent nous avions reçu des pierres. La dernière fois, on nous avait poursuivis avec les cangiars. J'avais toujours mon revolver et mon sabre quand j'allais là. Je ne sais vraiment pas comment nous en sommes sortis vivants.

∴

Comme nous avions quitté Djebail, il fallut quitter la plaine de Tortose. Mais ce fut la mission seule, cette fois, qui se mit en route. Nous étions quatre : le docteur Gaillardot, Thobois, mon domestique et moi, tous malades.

M. Renan resta à Tortose.

Je me vois encore, quittant le camp, dont nous avions brûlé les gourbis, me tenant à peine sur ma selle et claquant des dents, tandis que, derrière moi, Gaillardot, en travers sur une mule, poussait des gémissements, et que Thobois, en travers sur une autre mule, jetait à chaque pas des cris de douleur. Botroz fermait la marche, suivi de mon chien Maroum.

A Tortose, nous embarquâmes Gaillardot au fond d'une petite felouque non pontée. Nous le mîmes à l'abri du soleil avec une couverture. Nous pensions ne jamais le revoir.

Thobois gagna avec moi Lattaquié, je ne sais comment. Jamais il ne se releva de cette crise et, de retour à Paris, il devint fou et mourut.

∴

Après notre terrible voyage à Lattaquié, où ce malheureux Thobois s'était fait ouvrir une veine du bras par un barbier arabe, et avec le plus sale rasoir que j'aie vu de ma vie, j'étais revenu à Tripoli de Syrie et j'en étais reparti seul pour des excursions dans le Liban, le désert et la plaine de la Becka.

Les dispositions des populations, depuis le départ des troupes, avaient bien changé. Les Français étaient mal vus. Je n'ai jamais couru plus de dangers, en Syrie, qu'à ce moment-là. J'étais obligé parfois de tirer mon revolver de ma ceinture pour obtenir l'hospitalité. Dieu sait où je couchai et comment je mangeai !

Botroz me suivait avec sa mule, assis sur son matelas, mon petit sac de nuit pendant d'un côté, une outre pleine de l'autre, et quelquefois le cadavre d'un poulet ou même un poulet vivant. Nous nous arrêtions à midi, à l'ombre d'un rocher ou près d'une source, ou au pied d'un arbre. Nous allumions des branches que nous avions ramassées en chemin ; nous faisions crever du riz dans l'eau chaude et, vaille que vaille, nous déjeunions, tandis que les bêtes se reposaient. Il nous arrivait de dormir à la belle étoile et de dîner comme nous avions déjeuné. Le plus souvent, nous tâchions de gagner quelque village où, de gré ou de force, nous nous faisions donner de l'orge ou des œufs. C'est ainsi qu'un jour nous tombâmes dans un campement de grands Bédouins venus d'Arabie, qu'une autre fois nous reçûmes l'hospitalité d'une troupe de Kurdes. Dans le pays Métuali, qui est sur le versant du Liban opposé à Edhen, demeure de mon ami Joussef Karam-bey, on mettait le feu à un cèdre quand on voulait faire la cuisine. C'est une habitude : la montagne est semée d'arbres noirs à demi consumés et encore debout. Dans d'autres endroits nous étions mieux reçus. Les cheiks nous invitaient à leur table et, quelquefois, leurs femmes, qui nous avaient aperçus à travers les dentelles de bois des moucharabiés, nous envoyaient des fruits confits.

Je me souviens d'un déjeuner délicieux, à l'est de Tripoli, dans la montagne, près d'un temple romain dont j'avais relevé les inscriptions. Ce temple était construit de belles pierres dorées et orné de pilastres à chapiteaux corinthiens. Le soleil le détachait sur une masse d'arbres sombres. Des buissons fleuris l'entouraient. Je m'étais assis dans l'herbe, et Botroz m'avait servi de petits carrés de viande de mouton enfilés dans une baguette de fusil. Nous avions de la bonne eau fraîche. Mon chien s'était couché sur nos bagages pour les garder. Une brise très douce tempérait la chaleur de midi. Je passai là une heure exquise.

∴

C'est toujours un charme infini pour moi de regarder l'Orient à travers mes souvenirs, — l'Orient que j'ai connu autrefois, celui de ma jeunesse, où il n'y avait encore ni tramways, ni voitures, ni maisons européennes, ni civilisation, ni Allemands. J'y ai vécu plus d'un an avec Renan, Mme Renan, la sœur Henriette ; j'y ai fait la guerre; j'y ai aimé. J'ai, à cheval, fouillé la Syrie dans tous les sens ; j'en ai connu toutes les vallées, tous les déserts, et de ces longs séjours là-bas, l'impression m'est restée profonde. J'ai rapporté avec moi un peu de l'indifférence orientale, la résignation, une tendance invincible au fatalisme, la faculté de vivre en moi et de m'isoler du monde extérieur. Ce voyage a décidé de ma vie; il a modifié et transformé mon caractère et ma nature. Les impressions de la jeunesse sont ineffaçables. Ce sont les premières épreuves d'une gravure, ce qu'on appelle les épreuves avant la lettre.

APRÈS TRENTE ANS

Bien des années après mon voyage en Syrie, un soir que j'étais dans mon cabinet de la rue de Grenelle, au ministère de l'Instruction publique, Larroumet vint me prévenir que nous pouvions disposer d'une croix de grand officier de la Légion d'honneur. Le même nom nous vint aux lèvres : Renan.

Le lendemain matin, Larroumet alla le trouver de ma part pour lui annoncer les intentions du Gouvernement. Eh bien ! il fut très content. Je lui remis sa décoration à la réunion des Sociétés savantes, en pleine Sorbonne, comme à une distribution de prix. Au fond, j'étais très ému et j'indiquai dans mon discours que le hasard avait parfois des impertinences. Quand je lui tendis la petite boîte qui renfermait la croix, nous nous serrâmes les mains et nous nous regardâmes en souriant.

*
* *

J'ai bien senti, ce jour-là, l'extraordinaire changement qui s'était produit dans mon pays. Lorsqu'on est mêlé aux révolutions, on ne se rend pas compte de l'œuvre qu'elles accomplissent ; il faut qu'un détail nous le révèle tout à coup. Quand deux êtres se rencontrent dans une cérémonie officielle, que le premier, vingt ans auparavant, déjà personnage considérable, courtisé par les plus puissants, bien en cour, était à la veille d'occuper les plus hautes situations de l'État, que le second, pauvre, sans avenir, errant, petit journaliste jeté souvent en prison, ne pouvait avoir d'autre espérance que de noircir assez obscurément beaucoup de papier, et que, cependant, c'est le second qui, au nom du Gouvernement, décerne une récompense au premier, alors on s'aperçoit que le pays a été bouleversé de fond en comble. Et, en revenant au ministère, dans ma voiture à cocarde, je pensais à la guerre, à nos défaites, à nos amis tués sur les champs de bataille, à la capitulation, aux morts de la Commune, aux attentats du 16 mai et du 24 mai, et je me disais qu'il avait fallu tout cela pour que je pusse donner la croix de grand officier à M. Renan.

Quand je logeais dans le *Palazzo Reale*, à Palerme, je dînais et je déjeunais tous les jours à la table de Garibaldi. C'était, aux heures pacifiques, un homme placide, calme et bienveillant. Entouré de son état-major, il parlait de la guerre, de la tactique, des devoirs du soldat et du chef. On l'écoutait religieusement. Il avait la voix douce, les traits gros et forts, mais, sous d'épais sourcils blonds, un admirable regard bleu. Le général Türr plaisantait quelquefois, et de grands rires agitaient les chemises rouges. J'ai puisé dans ce milieu la compréhension des choses militaires.

Puis je revois M. Renan dans le Liban, à Amschit, assis au fond du divan d'une maison arabe. On faisait là aussi maigre chère qu'à la table de Garibaldi. Le soir, M. Renan se promenait dans la chambre, et à sa sœur Henriette et à moi, sans aucune interruption de notre part, il parlait d'histoire, de religion, de philosophie, d'archéologie, de politique, de science, et j'ai gardé un grand souvenir de ces monologues.

*
* *

J'ai pensé à Renan et à Garibaldi, ce soir, parce que, de tous les hommes que j'ai rencontrés, ce sont peut-être ceux qui ont subi avec le plus de puissance l'obsession de l'Idéal.

SILHOUETTES D'AUTREFOIS

J'avais connu le vicomte de M... à Djebail, en Syrie. Il accomplissait un vœu, une emprise, comme on disait autrefois. Son père, le vieux marquis de M..., avait refusé de lui laisser épouser sa cousine, Mlle de G... Le vicomte Raoul était fort désespéré parce qu'il était très amoureux. Mlle de G... était non moins amoureuse et non moins désespérée. Le marquis la trouvait trop pauvre, et, dans cette famille très catholique, on ne pouvait pas se marier sans le consentement des parents.

Voyant enfin la douleur de son fils, le marquis lui avait dit :

— Eh bien ! pars; va à Rome d'abord, où tu porteras au Pape une adresse des chrétiens bourguignons que j'ai toute signée dans mon tiroir, à Athènes ensuite, où tu verras le Parthénon, à Jérusalem, où tu verras le tombeau du Christ ; reste deux ans en route et, si tu es encore amoureux au bout de ce temps, tu épouseras.

Le vicomte embrassa son père, courut chez Mlle de G... et lui demanda si elle lui resterait fidèle. Elle le conduisit à l'église Sainte-Clotilde et lui répondit :

— Jurez-moi, à votre tour, en présence de Dieu, que pendant ces deux années vous n'approcherez d'aucune femme.

Il jura.

Je lui dois cette justice qu'il tint parole. Il avait demandé l'hospitalité à Renan, dans une tournée qu'il faisait au Liban. Je le retrouvai un an après, au Caire, et il m'offrit de faire avec lui le voyage de la haute Égypte. Nous passâmes cinq ou six mois sur le Nil, les plus doux de ma vie peut-être. Le jour, couchés sur le château d'arrière, il me parlait de ses amours, de sa fiancée, de son mariage, de ses affaires de famille, souvent aussi de Frohsdorf, du roi, de la possibilité d'une Restauration bourbonienne, des espérances du faubourg Saint-Germain. Le soir, quand nous nous arrêtions près d'un village et que les Gawhazies venaient danser sur la rive, il fermait les yeux ou rentrait dans sa cabine. La vue d'une femme le troublait évidemment. Mais il était fidèle à son serment et, tout en le plaisantant, je l'admirais.

⁂

Nos relations reprirent à Paris. Il me témoignait beaucoup d'affection. J'avais été le confident de ses peines et le témoin de son héroïsme. Il me présenta à son père, à Mme de G..., à Mlle de G... J'assistai à son mariage à Sainte-Clotilde. La fiancée était charmante, lui fort bien dans le costume traditionnel : pantalon gris, gilet blanc, habit bleu.

L'été suivant, il m'invita à passer quinze jours à son château. C'était une belle construction, avec tourelles et entourée d'eau, au milieu d'un grand parc planté de vieux arbres. J'y fis plus ample connaissance de sa femme, qui déjà était enceinte, de ses deux frères et du vieux marquis. Le vieux marquis était borgne. Il paraissait fort entiché de préjugés et il semait sa conversation d'impertinences très polies; avec cela, religieux et clérical à l'excès, comme tout le monde autour de lui, d'ailleurs. L'un des frères collectionnait des vélocipèdes, très peu perfectionnés alors et sur lesquels il manquait se tordre le cou; l'autre s'appliquait à de petits travaux de menuiserie. Il m'avait pris en amitié. Le vicomte était, lui, fort intelligent; la vicomtesse une femme du monde très charmante.

Des gentilshommes des environs venaient dîner tous les soirs. Ils parlaient comme les gens de la Restauration. Dans la grande salle à manger voûtée, où l'on descendait par un large escalier de pierre, on se serait cru, quand ils étaient là rassemblés, parlant de « Sa Majesté le Roy », de la grossesse certaine et constatée par les médecins de « Sa Majesté la Reyne », à la fin de l'autre siècle ou au lendemain de Waterloo. On aurait même pu se croire au moyen âge, quand ils s'entretenaient des faits et gestes de MM. les évêques. Mais le plus frappant, c'était leur horreur et leur mépris pour quiconque tenait une plume; libre penseur ou catholique, peu importait. Le métier d'écrivain leur paraissait dégradant. Et, bien qu'ultramontains farouches, l'homme qu'ils traitaient avec le plus de dédain et dont ils se moquaient davantage, c'était Veuillot.

Au demeurant, esprits très courts et sans

culture. Ce qui m'a frappé encore, c'est la supériorité des femmes. Mlle de G... avait plus de pénétration, d'intelligence et d'esprit qu'aucun de ces messieurs.

⁂

Le souvenir de cette époque de ma vie me revient peu à peu. Je revois le marquis sur son fauteuil, près d'une table carrée où l'on posait une lampe et autour de laquelle ces dames travaillaient. Le vicomte lisait à haute voix les *Mémoires de sept générations d'exécuteurs*, par le dernier des Sanson, un livre odieux et inepte, bon pour les portières, fort au-dessous de ce que produisent les Montépin et les Ponson du Terrail. La comtesse bâillait, ce qui était une preuve de goût; le jeune frère sciait une planche dans un coin, et, de temps en temps, le marquis interrompait, soit pour demander des renseignements sur Garibaldi et sa bande d'aventuriers, soit pour nous donner brusquement des nouvelles de ce qui se passait à Frohsdorf. Le bruit courait alors obstinément que la comtesse de Chambord était enceinte. Cette idée allumait le seul œil qui restât au marquis.

— Dieu, disait-il en se tapant sur la cuisse, peut faire ce miracle.

— Il le fera, répondait Mme de G... avec conviction.

Et le vicomte reprenait la lecture des *Mémoires de sept générations d'exécuteurs.*

Intérieur patriarcal et paisible qui paraissait peut-être un peu froid à Mme de G... Les domestiques étaient de vieux serviteurs. Le dimanche, le curé venait dîner et les enfants de l'école primaire, conduits par les sœurs, avaient permission de jouer dans le parc. Paysage calme. Une grande plaine voilée par les arbres; des pelouses vertes; de l'eau dormant dans les fossés profonds; le château de briques et pierres, avec ses tourelles à toits d'ardoises; un beau ciel d'été au-dessus de tout cela.

Les gentilshommes bourguignons, comme ceux du Faubourg — comme ceux que je vis plus tard à l'Assemblée Nationale et à la Chambre — avaient généralement l'air commun. Grands pieds, grosses mains qui paraissaient faites pour le travail. Bien peu d'esprit, ayant des plaisanteries à eux qu'ils trouvaient charmantes et qui n'auraient fait rire personne en dehors de leur monde. Très enfants, très pleins de préjugés, très violents sous leur apparence courtoise, très fermés à toute idée dont ils n'avaient pas l'habitude, occupés toujours de vétilles ou de généalogie. Quand on entamait le chapitre des alliances ou des parentés, c'était interminable, et le plus curieux, c'est qu'ils savaient tous fort bien ce qu'ils se racontaient mutuellement.

Je ne sais comment on m'a invité et souffert dans ce monde-là. Il a fallu, sans doute, l'énergie du vicomte pour m'imposer. On me savait républicain et, qui pis est, garibaldien, petit-fils de régicide, fils d'un homme de théâtre, car je n'avais rien caché. Peut-être ma prodigieuse indifférence pour les opinions des autres, qui prend parfois la forme extérieure du respect, le mépris sympathique que j'éprouve, malgré moi, pour certaines choses, et qui me donne une apparence aimable et cordiale, me firent-ils accepter au bout d'un certain temps; peut-être aussi la persuasion où l'on était que je n'écrirais jamais et que jamais je ne deviendrais ni journaliste ni homme politique. C'est plutôt cela, car dès que mon nom parut au bas d'un article, mes relations avec la maison de M... se rompirent d'elles-mêmes.

J'en eus du chagrin. J'avais une profonde amitié et une profonde estime pour le vicomte. Je l'ai encore, après vingt-huit ans de luttes, d'aventures, de chagrins, de préoccupations et de changements à vue.

Le malheur de ces messieurs était d'ignorer le monde et de vivre entre eux. Ils étaient comme dans une chambre fermée à clef et dont on aurait aveuglé les fenêtres. Ils ne lisaient rien; ils parlaient de « la bourgeoisie » comme on en aurait parlé au grand siècle, avec une pointe de jalousie cependant, parce qu'ils la sentaient riche; ils inventaient cette société qu'ils ne connaissaient pas, et leur imagination se la représentait tout autre qu'elle n'était en réalité. Je me souviens que le vicomte me raconta un jour que, poussé par la curiosité, il s'était fait, à l'insu de son père, présenter dans une maison où venait Émile Ollivier. Il avait été stupéfait de lui voir un habit noir, des gants blancs, une tenue correcte, et de l'entendre parler tranquillement, sans jurons, sans gros mots, comme « un homme bien élevé ». Le Faubourg était généralement persuadé que Jules Favre, Crémieux, Simon, Victor Hugo, Michelet, etc., vivaient dans des bouges, en compagnie de la « canaille ». Mais, plus encore que les républicains, il détestait et méprisait les orléanistes. Le vicomte, qui ne craignait qu'à demi le contact d'Émile Ollivier, n'aurait pas donné la main à M. Guizot.

J'ai retrouvé un peu de ce sentiment, quand, aux élections sénatoriales, à l'Assemblée Nationale, en 1875, les purs de la légitimité s'unirent à la gauche et firent échouer les candidatures du centre droit.

La respectabilité des intérieurs, les principes religieux perpétuellement affirmés, n'empêchaient personne de courir les filles, de jouer et de se payer des orgies. Ces gens du monde s'amusaient comme des charretiers. C'est l'habitude de ceux dont l'esprit ne travaille pas. Une chose est à remarquer, cependant : le nombre considérable d'hommes mariés, confits en Dieu, craignant l'enfer, ayant peur du diable et gardant la fidélité conjugale, et le nombre non moins considérable de femmes qui pensaient que, pour gagner le ciel, il suffisait d'entendre beaucoup de messes.

LE PÈRE ENFANTIN

A mon retour d'Orient, je fus mis, je ne sais plus comment, en relations avec l'ancien chef des Saint-Simoniens de Ménilmontant, le Père Enfantin. Le chemin de fer du Nord en avait fait l'un de ses administrateurs. C'était un admirable vieillard, haut, droit, carré d'épaules, majestueux, imposant et affable. Une grande barbe blanche, des yeux vifs, des mains aristocratiques. Il aurait été bien sur un trône ou dans une chaire. Il y avait en lui de l'ecclésiastique et du souverain. Sa tête était faite pour la mitre ou la couronne.

Il avait la démarche aisée, le geste noble, et je n'ai jamais rencontré personne qui en imposât davantage. Sa figure inspirait le respect; tout le monde s'empressait autour de lui. Les femmes le regardaient avec admiration; il semblait exercer sur elles une attraction particulière. Quand il daignait parler, les plus loquaces et les plus sûrs d'eux-mêmes se taisaient. Sa voix était douce et grave; ce qu'il disait paraissait avoir un caractère définitif.

Je ne pense pas que jamais homme ait eu sur son entourage plus d'ascendant et plus d'autorité. Dans le grand appartement qu'il occupait, rue de la Chaussée-d'Antin, je crois, il donnait des soirées auxquelles, très souvent, j'assistais. Tous les anciens fidèles de Ménilmontant s'y rencontraient. Tous l'appelaient « Père », et tous, en s'approchant de lui, prenaient sa main et la baisaient.

Les femmes — et il y en avait de fort jeunes et de très jolies — se soumettaient aussi bien que les hommes à cette petite formalité; elles le faisaient avec conviction et pieusement, pourrait-on dire. Mais les femmes et les anciens Saint-Simoniens n'étaient pas seuls à s'incliner et à embrasser. J'ai vu là, aussi, des hommes considérables et qui n'appartenaient en aucune façon à la secte. J'ai vu Adolphe Guéroult, rédacteur et directeur de l'*Opinion nationale*, j'ai vu Alexandre Dumas fils porter avec respect à leurs lèvres la main du Père Enfantin.

SIX MOIS DE PRISON

Ayant été condamné à six mois de prison, sous l'Empire — c'était ma première prison ; j'en devais voir d'autres ! — je fus transféré, au bout de quelque temps, avec Delescluze et Naquet, condamnés un peu avant moi, dans une maison de santé de la rue du Dôme, tenue par le docteur X. Des agents veillaient jour et nuit sur le trottoir pour nous empêcher de nous sauver, ce que, d'ailleurs, nous n'avions guère envie de faire. Il eût fallu se réfugier en Belgique, et à quoi bon ?

C'était une singulière maison, et jamais la misère en habit noir ne m'est apparue sous une forme plus lamentable. La femme du directeur était hystérique. Elle allait trouver la nuit les pensionnaires dans leurs chambres. Le docteur avait des souffrances si terribles qu'il ne pouvait les calmer qu'en se plongeant dans une baignoire d'eau tiède où il restait souvent deux ou trois jours sans bouger et où il mangeait et dormait; pour se distraire, il faisait naviguer devant lui des petits bateaux. Les malades n'étaient pas nombreux, mais nombreuses et criardes étaient les dettes. On devait à tout le monde : au boulanger, au boucher, à l'épicier, au marchand de vins. Les fournisseurs réclamaient violemment. Souvent, le matin, j'étais réveillé par leurs cris. Ils relançaient le pauvre docteur jusque dans son bain. L'un d'eux, un jour, emporta, pour se payer, la pendule et les candélabres du salon.

C'est là, dans ce coin ignoré de Paris, sur cette petite butte, aujourd'hui à peu près disparue et qui dominait l'avenue, que le docteur P... faisait ses premières expériences d'ovariotomie. Il avait choisi cette maison isolée et ce médecin perclus pour confidents de ses tentatives chirurgicales. Hélas ! que j'en ai vu passer de pauvres femmes ! Elles arrivaient une à une, quelquefois accompagnées par leurs filles, quelquefois conduites par leur mère, et puis on ne les revoyait plus. Leur place était marquée à table, toujours la même, entre Delescluze et le docteur. Deux ou trois fois avant l'opération elles dînaient. Nous passions le temps à les rassurer : « Ce n'était rien ! P... réussissait neuf fois sur dix ! » Et c'était vrai. Nous cachions qu'on mourait, après cela, infailliblement, d'une péritonite. Enfin les pauvres malades se décidaient et nous les regardions quitter le salon comme on regarde les condamnés quitter la prison de la Roquette.

Le jour de l'opération, P... venait déjeuner. Toujours cela avait réussi. X, du fond de son bain éternel, lui criait, à travers les portes ouvertes :

— Bravo ! cher maître, bravo ! C'est admirable !

Et, toujours, moins d'une semaine après, j'entendais qu'on clouait quelque chose, pendant la nuit, dans la chambre au-dessous de la mienne : c'était l'opérée qu'on mettait en bière.

Au fond du jardin il y avait une petite bâtisse étroite, couverte de zinc, et que dominait un énorme réservoir cylindrique. C'était là qu'on faisait de l'hydrothérapie et que quelques personnes des environs venaient se faire doucher. A gauche se trouvaient les cabines des dames ; à droite, celles des hommes ; au milieu, la salle de l'arrosage. De notre côté, le service était fait par un garçon assez intelligent, à la mine canaille, fort poli d'ailleurs, et le seul des domestiques qui ne réclamait jamais ses gages. Je lui demandai, un jour, par curiosité, de quoi il vivait. Alors, mystérieusement, il me montra un petit trou qu'à l'aide d'une vrille il avait fait dans la porte de la salle des douches et par lequel, moyennant quarante sous, il faisait voir les clientes de la maison aux vieux messieurs ou aux jeunes gens du quartier.

— Ah ! me dit-il, il y avait, l'été dernier, une jeune Américaine qui venait ici avec sa mère : ce qu'elle m'a rapporté d'argent, celle-là !

M. THIERS

C'était en 1868. Je venais de faire un numéro du *Diable à quatre* qui m'avait valu quatre mois de prison et dix mille francs d'amende. Ces choses-là m'amusaient à écrire, et, de fait, elles ne valaient que par le danger qu'elles faisaient courir à l'auteur. Quoi qu'il en soit, j'étais à la veille de partir pour Sainte-Pélagie, et je rangeais dans une petite valise une lampe que je venais d'acheter, quand notre vieille bonne Annette m'avertit qu'un inconnu, bien mis d'ailleurs, demandait à me parler. Je le fis entrer et je me trouvai en présence d'un grand vieillard, de figure souriante, qui portait avec ostentation, à sa boutonnière, la décoration de juillet 1830. Après quelques phrases banales sur ma condamnation :

— Je suis, me dit-il, un ami de M. Thiers; je lui ai été attaché pendant toute ma carrière. Nous nous sommes connus au moment où les partis libéraux protestaient contre les ordonnances. Nous ne nous sommes pas quittés depuis. C'est M. Thiers qui m'envoie vers vous. Il apprécie votre courage et il souhaite vous voir.

J'avais trop de raison pour n'être pas dupe des compliments de M. Thiers et de son ami. Je savais que M. Thiers était candidat dans mon arrondissement contre le candidat officiel; je comprenais très bien qu'il voulait ne rien négliger, pas même le *Diable à quatre*, pour être élu. Mais, d'autre part, j'avais une grande admiration pour M. Thiers; il me paraissait très intéressant de le connaître et de l'entendre. J'acceptai avec joie le rendez-vous.

— Eh bien, me dit l'inconnu, demain, place Saint-Georges, à cinq heures du matin.

A cinq heures du matin j'étais place Saint-Georges. On me fit tout de suite entrer. Je revois encore cette longue galerie où se trouvaient les collections d'art. Dans des vitrines, au centre, des bronzes Renaissance ou antiques, dont M. Thiers avait fait enlever la patine —

n'est-ce pas un trait qui le peint ? — Sur les murs, des copies de Raphaël, assez médiocres ; au fond, une cheminée monumentale, dans laquelle brûlait un énorme feu de bois. Devant la cheminée, debout, sanglé dans une redingote noire, des lunettes d'or sur le nez, M. Thiers.

Il vint à moi, me prit la main, me remercia d'être venu, m'indiqua un fauteuil de velours rouge dans le coin de la cheminée et resta debout.

Aussitôt il prit la parole. Il me dit (je résume, car, s'il me semble encore entendre sa voix, il me serait impossible de reproduire textuellement une conversation si lointaine) :

— Votre condamnation est excessive. Elle a indigné tous les gens de bon sens, tous ceux qui regardent avec moi la liberté de la presse comme une liberté nécessaire. Nous ne pouvons plus vivre en France sous un régime qui traite de même façon les écrivains et les criminels de droit commun.

Il parlait très éloquemment sur ce sujet qui lui était familier, quand j'eus la hardiesse de l'interrompre pour lui dire :

— Et les lois de septembre ? (C'étaient les

lois contre la presse qu'il avait fait voter sous Louis-Philippe.)

Il fit un soubresaut, me regarda fixement, puis répondit d'une voix très calme :

— J'ai eu tort.

La phrase fut prononcée d'un accent si sincère et d'un ton si net que je me sentis très ému.

Il s'en aperçut et il reprit avec une étonnante vivacité :

— Aujourd'hui, je suis républicain. Oui, je suis arrivé à penser que, lorsque tombera l'Empire, c'est la République seule qui nous sauvera. Je suis toujours attaché de cœur à la famille d'Orléans, que j'ai longtemps servie ; mais son retour est aussi impossible que celui du comte de Chambord. La France est lasse de la monarchie. Une restauration, quelle qu'elle soit, ne nous apporterait que du trouble et du désordre, peut-être d'autres révolutions. Quant à l'Empire, il ne peut pas durer plus que l'Empereur. Comment finira-t-il ? Je ne sais, mais nous en verrons la fin. Ce jour-là, si je vis encore, c'est la République que je tâcherai de donner à mon pays.

Ce discours avait duré près d'une heure. Le

petit jour commençait à poindre. Je me levai, je remerciai profondément M. Thiers, je me retirai, et, le soir même, j'allai coucher à Sainte-Pélagie.

Je dois dire que M. Thiers ne m'abandonna pas. Pendant tout mon séjour en prison, son vieil ami vint, de sa part, prendre de mes nouvelles toutes les semaines. Nous causions. Il me confirmait les intentions de M. Thiers.

— Vous verrez, me disait-il toujours en me quittant, il fondera la République !

AUTOUR DE METZ

I

J'étais venu à Metz étant tout enfant, en diligence, avec mon père et ma mère. J'y revins en 1870. Je n'y étais pas retourné depuis vingt ans, et cependant je me souvenais de la ville. Je la trouvai plus animée.

Un régiment de cavalerie campait déjà sur les glacis. Les rues commençaient à s'encombrer de soldats. Dans le principal hôtel, qui s'appelait je ne sais plus comment (c'est celui qu'on trouve à droite dans la grande rue et dont la cour est protégée par une grille), logeait l'état-major de Bazaine. J'y obtins une chambre à grand'peine. Il était déjà plein d'officiers et de reporters. Claretie avait fait la route avec moi. Il s'y était établi aussi.

On dînait pêle-mêle, officiers et nouvellistes, dans la grande salle à manger du rez-de-chaussée. Dès les premiers jours, une inquiétude pesait sur tout le monde. Je ne retrouvais plus l'armée de Syrie. Est-ce moi qui étais devenu plus sérieux ? Est-ce elle qui était devenue plus triste ? On avait le sentiment que la confiance manquait. On doutait des chefs. Un vieil écrivain militaire, Villaumé, me dit tout à coup, un jour que nous voyagions ensemble en chemin de fer :

— Il se pourrait bien qu'un de nos généraux trahît.

A Metz et dans tout le pays, on avait commencé par l'espérance ; puis une période de nervosité était venue ; puis une période d'angoisse. L'impression très nette m'en est restée. On se sentait menacé par quelque chose d'inconnu, et l'on se sentait sans défense. Je n'ai retrouvé cette impression-là que dans les cauchemars. Sur la frontière, elle était plus cruelle que partout ailleurs. Bien qu'ils n'en convinssent pas, elle pesait sur les soldats. On avait le cœur dans un étau. Les causes de cet état d'esprit s'expliquent facilement par les faits. Il était visible que les chefs de l'armée ne savaient que faire, que leur affolement commençait, qu'une défaite affreuse se préparait; avant la lutte on avait le spectacle de la débâcle. Et, du côté de l'Allemagne, on croyait deviner quelque chose de mystérieux et de formidable qui arrivait lentement.

∴

Nous avions acheté une petite carriole et un petit cheval avec lesquels, Claretie et moi, nous parcourions les routes, allant tantôt d'un côté, tantôt d'un autre, pour nous renseigner, pour voir.

Un soir, nous descendions sur Saint-Avold, où campaient des troupes. On avait crénelé une ferme sur la gauche de la route. De petites tentes blanches couvraient une prairie. Et tout à coup, au-dessus des soldats endormis, la lune se leva, si rouge et si énorme qu'elle semblait un gros globe de sang. Le ciel était noir, et nous eûmes le cœur serré d'un pressentiment.

∴

L'entrée de la garde fut sinistre. Elle arriva à la tombée de la nuit. Il y avait encore un jour pâle sur le haut des maisons. Il pleuvait. Quelques personnes mornes, groupées au coin des rues et s'abritant sous des parapluies, regardaient passer les soldats. Ceux-ci avaient l'air las et triste. L'eau faisait luire leurs bonnets à poil, qui pleuraient sur leurs figures. Leurs grandes capotes noires leur donnaient l'aspect d'une troupe de prêtres. Aucun cri ne les accueillait. Ils marchaient dans le silence. La musique ne jouait pas. Les tambours avaient leur caisse sur le dos. Les drapeaux étaient enfermés dans des gaines de toile cirée. On n'entendait que le pas de tous ces hommes dans la boue.

Rapidement l'apparence de gaieté du commencement disparut. Elle fit place à l'inquiétude. La concentration ne se faisait pas vite, malgré l'activité des chemins de fer. La gare se remplissait de wagons de matériel qu'on ne déchargeait pas. Les troupes ne savaient où aller. Les incertitudes du commandement devenaient visibles pour tout le monde. On racontait déjà des histoires extraordinaires. Un général était monté sur la tour de la cathédrale et il avait demandé au sonneur :

— Montrez-moi donc le Palatinat.

Un colonel avait réclamé de la farine; on lui avait envoyé des souliers. Un autre général avait cherché son corps d'armée sans pouvoir le trouver. Les officiers se plaignaient hautement des ordres et des contre-ordres qu'ils recevaient coup sur coup. On avait promené des régiments tout autour de Metz pour les ramener ensuite à leur point de départ. Des gens se disant bien informés prétendaient que les maréchaux se disputaient entre eux et que l'Empereur ne parvenait pas à les mettre d'accord. Les soldats avaient perdu toute discipline. On les ramassait souvent ivres dans les rues. Le désordre était partout, partout l'incohérence et l'anarchie.

Des officiers bien en cour continuaient la vie de Paris. Beaucoup de dames avaient suivi l'armée. Elles se cachaient dans les petits hôtels. On en apercevait, le soir, par hasard. Il y en avait une, bien jolie, qui logeait à côté de chez moi. C'est D..., un journaliste mondain, qui l'accompagnait et la chaperonnait, pendant que son amant était à la caserne ou au camp. Dans un petit restaurant on faisait la fête. C'était un lieu de rendez-vous. Un soir, un de ces messieurs, complètement gris, monta sur un toit voisin et chanta la *Marseillaise*. Cela fit esclandre. Soit qu'on s'amusât, soit qu'on se fâchât ou qu'on se désespérât, on était en proie à une fièvre nerveuse impossible à maîtriser.

*
* *

Je revins deux ou trois fois à Paris; je retournai à Metz ; j'allai à Strasbourg. Sans qu'un coup de fusil eût encore été tiré, la situation empirait. On commençait à parler d'espionnage. On racontait que, tous les soirs, on fusillait des espions. Les troupes continuaient à aller et venir sans qu'on pût deviner pourquoi. On s'attendait à ce que l'armée marchât en avant; elle restait en place ou tournait sur elle-même. Une lassitude visible, un découragement bruyant résultaient de cette immobilité et de ces courses inutiles. J'entendais des soldats dire, en parlant des chefs :

— Ils ne savent donc pas ce qu'ils veulent !

La nervosité générale augmentait d'heure en heure. Les officiers se demandaient pourquoi on disséminait les corps sur la frontière, les exposant ainsi à être battus en détail. De l'Allemagne, pas de nouvelles ou des nouvelles alarmantes colportées par les journaux. Quelques paysans prétendaient avoir aperçu des uhlans.

Strasbourg, comme Metz, était bondé de monde. Nous couchâmes trois dans un hôtel sur un billard. Il y avait d'autres voyageurs dessous. Dans la ville, c'était le même désordre. L'armée d'Afrique venait d'arriver et les trains avaient jeté dans les rues des milliers de soldats. J'allai jusqu'au Rhin en voiture. Les deux extrémités du pont de Kehl devaient tourner sur des pivots, de façon à rendre l'usage du pont impossible en temps de guerre. L'extrémité allemande avait fait une évolution régulière : elle était repliée parallèlement à la rive du fleuve. L'extrémité française n'avait pas pu tourner complètement : elle était restée à mi-chemin. Ce détail me frappa. Il me sembla de mauvais augure. Nos machines ne fonctionnaient pas. Nous n'étions pas prêts. Le pont de fer, bardé de hauts croisillons des deux côtés, isolé au milieu du Rhin, avait l'air d'un grand corridor de prison.

Des soldats étaient là, en assez grand nombre, zouaves, artilleurs, lignards. Appuyés à une grosse barrière de bois plantée devant le fleuve en manière de garde-fou, ils regardaient l'Allemagne. Sur la rive opposée, on voyait les maisons de Kehl, et, au bord de l'eau, beaucoup de jeunes femmes en jupes vertes qui regardaient la France et les soldats. Le ciel était très pur, la campagne très verte, le soleil très ardent. N'était le pont cassé à ses deux bouts, on ne se serait pas cru en temps de guerre.

II

De temps en temps je quittais Metz; j'allais aux nouvelles. Un jour, je pris un billet pour Sarreguemines.

Le chemin de fer, à Bening-Merlebach, autant qu'il m'en souvient, bifurque : sa branche gauche va à Forbach, sa branche droite à Sarreguemines. Les voyageurs pour Forbach changent de voiture.

Dans mon compartiment, du côté opposé au mien, dans le coin de droite, il y avait un monsieur fort bien mis, très élégant, accompagné d'une sorte de secrétaire, et qui avait encombré les filets de toutes sortes de sacs de voyage en cuir jaune avec des fermetures de cuivre armoriées.

Il était resté tranquillement dans le wagon,

laissant passer la bifurcation sans descendre, quand tout à coup il dit très haut :

— Ah ! ça, serons-nous bientôt à Forbach ?

Je me tournai vers lui et je lui répondis :

— Vous êtes, monsieur, sur la voie de Sarreguemines.

D'abord, il ne voulut pas me croire, il consulta son indicateur, interrogea son secrétaire. Enfin il fut obligé de se rendre à l'évidence. Alors, me regardant, il s'écria dans un éclat de rire :

— En vérité, je suis aussi bête que nos généraux !

Je répliquai sur le même ton, et voilà mon homme qui, se laissant aller, se met à dire sur l'État-major, sur Bazaine, sur Mac-Mahon, sur Frossard, sur tous les autres, bien pis encore peut-être que tout ce qu'on a dit depuis la défaite.

— Quels ignorants ! Quels ânes ! Aucune idée, aucun plan, ou plutôt un plan tous les jours, qu'on refait le lendemain pour le défaire encore le surlendemain. Ils ne savent pas où sont leurs troupes ; ils ignorent ce que c'est que lire une carte. Ils ont la tête perdue... Si les soldats ne nous sauvent pas, la France sera écrasée.

Et il développa ce thème, tirant des cartes de ses sacs, me montrant les campements, les positions occupées, jusqu'à l'arrivée à Sarreguemines.

J'étais fort étonné du personnage. Qui pouvait-il être, avec ses cartes, sa connaissance exacte de la situation militaire, son intimité avec ces généraux dont l'imbécillité le mettait en gaieté? Il m'intriguait. A Sarreguemines, il me dit :

— Il faut que j'aille à Forbach où j'ai affaire; je vais réparer ma bêtise et tâcher de louer une voiture qui m'y conduira.

— Ma foi, lui répondis-je, curieux que j'étais de le suivre et de savoir qui il était, si j'en trouve une autre, j'irai aussi.

Au bout d'une demi-heure, on nous amenait deux mauvais cabriolets.

Jamais je n'oublierai cette route de Sarreguemines à Forbach, absolument déserte, où nous risquions — je l'ai su depuis — d'être à chaque instant enlevés par des uhlans. Elle longe la Sarre à travers une campagne charmante et alors silencieuse. Le cabriolet du voyageur filait devant moi, enveloppé de poussière. Tout à coup, je vis venir à nous, au triple galop, descendant une pente, un dragon français. A mon grand étonnement, mon voyageur lui fit un signe, lui cria je ne sais quoi que je n'entendis pas, et le dragon s'arrêta net.

Le voyageur, étendant la main hors du cabriolet, prit quelques papiers dans la sacoche du dragon, les regarda, et se retournant, me fit un grand geste comme pour m'appeler. Ma voiture le rejoignit à ce moment-là.

— Eh bien, me dit-il, ne vous l'avais-je pas prédit ? Voilà qu'ils viennent de se faire battre à plates coutures à Wissembourg. Sont-ils assez bêtes ! Ce sera ainsi pendant toute la campagne.

Là-dessus, son cabriolet repartit à fond de train, le mien aussi, et le dragon s'en alla de son côté. Quelque temps après, nous étions à Forbach.

Je me promenais dans la grand'rue quand j'aperçus mon voyageur qui causait avec Edmond About. Le voyageur me montra. About lui dit quelques mots et le voyageur fit de grands gestes. Puis About vint à moi et m'emmena dans un coin.

— Mon cher ami, me dit-il, je viens de vous nommer à la personne avec qui vous avez voyagé ce matin.

— Mais qui est cette personne ? lui demandai-je.

— Vous ne le savez pas ?

— Non.

— C'est le baron J.D..., parent et ministre de l'Empereur. Or, j'ai appris au baron, qui ne vous connaissait pas non plus, que vous êtes journaliste, correspondant du *Rappel*, républicain, plusieurs fois condamné, et il a une peur affeuse que vous ne répétiez ou n'écriviez ce qu'il vous a raconté.

Sur cette confidence d'About, j'allai droit au baron J.D... et je lui dis :

— Monsieur, n'ayez aucune inquiétude, je vous prie ; la divulgation de ce que vous avez bien voulu me raconter en route ressemblerait presque à un acte de trahison ; vous n'avez donc rien à craindre pour le présent. Quant à l'avenir, nous ne pouvons en répondre, ni vous ni moi.

Le baron en fut donc quitte pour la peur.

III

La discipline était déjà très relâchée en Syrie : j'y avais vu une compagnie révoltée ; j'y avais vu un factionnaire défoncer à coups de fusil des tonneaux de vin qu'il était chargé de garder. Elle n'existait plus à Metz. La désobéissance, le mépris des ordres et des chefs étaient des faits quotidiens. La première fois que j'allai à Forbach, sur la route qui sort du village et qui va à Sarrebruck une sorte d'arc de triomphe était dressé, fabriqué tout entier avec des pompons de shakos et des plumets enfilés dans des ficelles attachées elles-mêmes à des branches d'arbres. A gauche de la route, dans un champ long et étroit se trouvait le camp; de l'autre côté du camp, un bois noir et épais comme tous les bois de ces pays, un bois tout pareil aux bois fantastiques des dessins de Gustave Doré. A droite de la route, les hauteurs très raides et semées d'arbres qui montaient au plateau supérieur.

Quand on avait fait cinq ou six cents mètres sur la route, on trouvait à gauche une maison isolée, boutique de marchand de vin ou auberge. Un état-major y était installé. C'est avant d'y arriver qu'on apercevait l'arc des pompons. La route faisait un léger coude à cet endroit, et le terrain allait en s'élevant jusqu'à une crête brusque qui dominait la vallée de la Sarre. Sur cette crête, vers la droite, dans des arbres et un peu en arrière de la frontière, un petit bâtiment s'élevait qui avait abrité une garnison prussienne. Le combat où le Prince Impérial avait ramassé une balle s'était livré là. Vingt-cinq mille hommes avaient été mis en mouvement pour déloger deux ou trois compagnies d'infanterie.

Nos officiers faisaient un grand éloge de la tenue des Prussiens. A la première alerte, ils étaient sortis du petit bâtiment et avaient exécuté des feux de salve, très régulièrement et comme sur le champ de manœuvres. Puis, se voyant entourés, ils étaient partis au pas ordinaire et avaient disparu derrière la crête. Cette attitude devait impressionner les troupes.

Je n'avais pas été prévenu. Je n'assistais pas à ce combat. Je ne pus venir que le lendemain. Sur l'herbe on voyait une tache de sang coagulé. Un soldat prussien était mort là, dont on disait l'histoire.

Placé en sentinelle avancée, il avait été poursuivi au pas de course par un zouave qu'il avait manqué d'abord. N'ayant pas le temps de recharger son fusil, il courait vers les siens et, de temps en temps, il se retournait et regardait en riant le zouave qui s'essoufflait à le suivre. Enfin le zouave, perdant du terrain, s'arrêta, le mit en joue et l'étendit raide sur le sol. Mais le rire de ce Prussien avait frappé les imaginations. Les soldats racontaient ce petit épisode.

A partir de la crête, le terrain plongeait brusquement dans la vallée. De là, on apercevait la Sarre. On avait Sarrebruck à ses pieds et on le voyait de haut en bas presque comme d'un ballon. Un pont traversait la rivière, et les rues, au delà, s'enchevêtraient toutes désertes. Sur l'autre flanc de la vallée, à mi-côte, s'élevait la gare du chemin de fer dont un obus français avait troué la façade. L'horloge était arrêtée.

Un long train de marchandises, avarié par nos projectiles, encombrait les voies. Au delà, on suivait de l'œil les méandres de la route qui grimpait sur la colline entre des champs brûlés par le feu de nos mitrailleuses. C'est par là qu'après avoir traversé Sarrebruck, la troupe prussienne s'était retirée. Nos officiers disaient que les volées d'artillerie, qui enlevaient des rangs entiers, ne lui avaient pas une seule fois fait rompre le pas. La nuit tombée, on était venu enlever les morts. Des bois couronnaient les hauteurs de l'horizon.

Au delà de Sarrebruck, vers la gauche et toujours sur le flanc de la vallée, se trouvait une maison au bord d'un chemin. Un uhlan montait la garde à la porte et, à chaque instant, d'autres uhlans, armés de lances, entraient ou sortaient de la maison. On les distinguait fort bien, quoiqu'ils semblassent tout petits. Ils galopaient sur les pentes du coteau, s'avançaient comme pour nous observer, s'aventuraient jusqu'au-dessus de la ville, tantôt se groupaient et tantôt se dispersaient en tous sens. Ce manège des uhlans nous amusait.

*
* *

Le lendemain ou le surlendemain, je ne sais plus, je revins à Forbach et, arrivé sur la route à l'endroit où se trouvait la maison de l'État-major, une sentinelle m'arrêta, me disant que, depuis le matin, l'ordre avait été donné de barrer la route et d'interdire la visite des avant-postes aux civils. Comme je m'en retournais assez ennuyé, un artilleur, qui avait entendu mon dialogue avec la sentinelle, s'approcha de moi et me dit à l'oreille :

— Si vous voulez aller aux avant-postes, sur la crête, au bout de la route, rien n'est plus simple ; vous n'avez qu'à venir avec moi à travers le camp. On a donné une consigne sur la route, mais dans le camp à côté on n'a pas donné de consigne et on n'a pas placé de sentinelle ; nos chefs sont si bêtes !

Nous fîmes deux pas à gauche, nous entrâmes dans le camp, nous circulâmes à travers les tentes et, en effet, personne ne nous dit plus rien.

Bientôt, nous longeâmes tranquillement le bois, ce bois tout noir dont j'ai parlé. L'artilleur me dit :

— Il y a des Prussiens là-dedans ; mais on n'y fait pas de fouilles. On ne s'inquiète de rien. Avec un camarade à moi, j'ai été dans le bois. Nous avons marché tout doucement ; au bout d'un quart d'heure nous sommes arrivés à une petite mare, une sorte de petit étang, caché sous les arbres. Une hutte se trouve près de l'étang, et autour de cette hutte nous avons aperçu des Prussiens. Il y en avait un qui pêchait à la ligne. Puis nous sommes revenus sans avoir été vus. Mais il y a certainement là beaucoup de Prussiens.

Nous arrivâmes ainsi à la crête, au bord de la pente qui descend à la Sarre. Des soldats de ligne vinrent causer avec moi. L'un d'eux me dit :

— Je me suis rengagé pour la campagne. J'ai fait la Crimée et l'Italie. Si je dois avoir la tête cassée cette fois, tant pis ! J'ai voulu voir ça !

C'était un vieux rouge, d'air jovial. A cet endroit, la pente qui descend à la Sarre était boisée. Je voulais aller voir un peu ; on me retint.

— Prenez garde ! il y a peut-être des Prussiens là, cachés dans les arbres !

Je n'avais pas fait dix mètres en avant. Sur

ma droite, à peine visible dans la verdure, il y avait une toute petite maison. Elle avait été ravagée le jour du combat. Nous y entrâmes. J'y trouvai par terre une bible en allemand que j'emportai. Elle est encore chez moi.

Les soldats d'infanterie qui étaient là en grand'garde me confirmèrent ce que m'avait raconté l'artilleur. Le bois les inquiétait. Ce bois descendait jusqu'à la Sarre, couvrant sur la gauche tout ce côté de la vallée. Un soldat me dit :

— Monsieur, j'étais de garde la nuit et, au clair de lune, j'ai vu un bac qui traversait la rivière et qui jetait des soldats dans ce bois. Toutes les nuits il en est ainsi. Mes camarades vous le diront.

Je lui demandai :

— Avez-vous prévenu vos chefs ?

Il répondit :

— Je l'ai dit au colonel, mais le colonel m'a dit : « Mêle-toi de tes affaires ».

C'est de ce bois que, le jour de la bataille de Spickeren, les Prussiens débusquèrent en masse. D'Aulnay, ou plutôt Duplessis, le reporter du *Figaro*, était là, et son petit cheval y fut tué d'un éclat d'obus. Jamais on n'avait pensé à fouiller le bois.

Suivant la crête et les lignes d'avant-postes, j'allai me coucher sur l'herbe, près de la route, à l'endroit même où, brusquement, elle descend sur Sarrebruck. De là on voyait très bien les uhlans, sur le coteau opposé, qui galopaient le long des chemins. Parfois un de nos hommes tirait, mais les uhlans étaient hors de portée. Tout à coup parut, remontant la route, un général et une petite escorte. Ce général, dont ni le nom ni la figure ne m'étaient connus, venait de faire une reconnaissance presque jusqu'au pont qui conduisait à la ville. Il s'arrêta près de moi et me considéra d'un air assez étonné. Le fait est que ma présence aux avant-postes, surtout après l'ordre donné le matin, devait paraître étrange. Cependant, il ne me dit rien. Après avoir échangé quelques mots avec un sergent, il repartit.

Si pourtant j'avais été un espion !

IV

Le combat de Forbach, où le Prince Impérial avait ramassé une balle, n'avait pas produit à Metz l'impression que sans doute on en attendait. Le public sentait bien que ce n'était là qu'une affaire sans importance, qui n'avait rien de décisif et qui ne pouvait en rien modifier la situation. Son état mental devenait de plus en plus inquiétant. Une sorte de folie commençait à s'emparer de tout le monde. Les récits les plus exagérés circulaient : la nouvelle d'une victoire courait, puis on apprenait le lendemain ou que personne ne s'était battu ou que l'affaire se réduisait à quelques coups de feu sans résultat. Alors, l'abattement succédait à la joie. Ce passage incessant d'un état d'esprit à un autre exaspérait les nerfs de la population. On parla beaucoup du combat de Niederbronn. On apprit ensuite qu'il se réduisait à une bagarre dans une cour d'auberge. Cependant les journaux de Paris étaient pleins de nouvelles alarmantes. M. de Pène racontait (ce qui était vrai) que les uhlans avaient franchi la frontière. Puis des histoires d'espions. On voyait des espions et des uhlans partout. La troupe, de plus en plus indisciplinée, était soumise au régime de l'ordre et du contre-ordre. Les querelles des chefs devenaient de plus en plus visibles. L'Empereur était venu loger à la préfecture. Il avait été reçu froidement. On le devinait sans volonté, incapable de mettre la paix entre ses généraux.

⁂

C'étaient de longues journées d'angoisse dont je me souviendrai toute ma vie. La mobilisation semblait terminée. Les troupes étaient réunies. Qu'attendait-on pour agir, pour marcher en avant ? Pourquoi des mouvements quotidiens qui paraissaient n'avoir d'autre but que de ramener les soldats, après quelques jours de fatigue, au point d'où ils étaient partis ? Pourquoi ces amoncellements de wagons en gare de

Metz, pleins d'approvisionnements dont on ne connaissait, au dire des officiers eux-mêmes, ni la nature ni la provenance ? Pourquoi aucune manœuvre, aucune disposition de tactique ne semblait-elle se dessiner ? Les moins au courant des choses militaires, les plus étrangers à la pratique de la guerre, s'effrayaient de voir notre armée disséminée sur une énorme étendue de pays, la situation de ces corps, trop divisés, qu'on laissait isolés et qui se trouvaient dans l'impossibilité de se prêter appui les uns aux autres. Dans les gares, dans les trains de chemins de fer, on s'abordait sans se connaître. On se demandait : « Savez-vous quelque chose de nouveau ? Avez-vous des renseignements ? » Tous les regards étaient inquiets, tous les visages sombres. Une terreur vague envahissait la foule, pesait sur le peuple. On pressentait, sans oser se l'avouer, des catastrophes formidables.

Çà et là, on trouvait des inconscients dont l'assurance faisait mieux ressortir la tristesse et l'inquiétude des autres. Je me souviens d'un aumônier rencontré dans le train de Sarreguemines. Comme on parlait des dispositions, ou plutôt du manque de dispositions militaires :

— Que nous contez-vous, dit-il tout à coup, avec votre stratégie et votre tactique ? Ce sont des mots vides de sens et inventés pour tromper le public et amuser les niais ! J'ai beaucoup vu faire la guerre et je sais comment ça se passe. On attend l'ennemi, on va le chercher et, quand on le rencontre, on tape dessus. Voilà tout. Mais, croyez-le bien, il n'y a ni combinaisons, ni plan à préparer, ni dispositions à prendre ; on tape, on tape, on tape !

Et il riait d'un air content de soi. C'était un gros homme, fort, de bonne mine, qui paraissait un bon vivant et un gaillard. Il exprimait, évidemment, la pensée des chefs.

*
* *

En même temps que l'inquiétude, la colère éclatait dans les propos. Elle se tournait contre l'Empereur et contre l'Empire. Pour la première fois j'entendis en pleine rue des gens qui, tout haut, sans s'inquiéter de leurs interlocuteurs ou des passants, déblatéraient contre Napoléon, contre le régime : « Si on ne sait pas faire la guerre, pourquoi la déclare-t-on ? Nous sommes conduits par des incapables ; Napoléon est un incapable, un rêveur, un fou. Dans quelle aventure nous a-t-il engagés? Qu'est-ce qu'il fait à Metz? » Et puis on se rappelait la tyrannie impériale, le gouvernement de Décembre, le coup d'État, les attentats de Strasbourg. Les soldats qui, par hasard, entendaient, ne disaient rien.

La raison d'être d'une situation aussi douloureuse et aussi dangereuse, de la paralysie dont étaient frappées nos armées, — M. Émile Ollivier devait le constater lui-même beaucoup plus tard dans d'admirables articles publiés par la *Revue des Deux Mondes*, — c'était la présence de l'Empereur à Metz. Napoléon III n'avait pas le sens de la guerre; comme militaire il était nul. Aussi l'autorité lui manquait-elle absolument pour imposer la paix et l'union entre ses généraux. Il écoutait l'un, il écoutait l'autre, sans jamais prendre une décision. Il est vrai qu'il était très malade et que ce malheureux homme pouvait à peine supporter les mouvements d'une voiture. Je vis un jour l'Empereur qui rentrait à la préfecture; le maréchal Lebœuf était à sa gauche. L'Empereur avait l'apparence spectrale d'une figure de cire. Des gens l'entouraient en courant, l'accablant d'injures et de huées, et puis la calèche s'engouffra sous une haute porte cochère.

Ce qui augmentait la colère, la terreur, l'inquiétude, c'est qu'à part la petite affaire de Forbach, on ne voyait pas l'ennemi ; que personne ne paraissait savoir où il était et que, cependant, on le signalait partout et qu'on croyait le deviner partout. Son fantôme nous enveloppait. C'était un cauchemar horrible. Aucun rêve n'en pourrait donner l'idée. L'inaction de l'armée, son immobilité, l'impuissance absolue où elle paraissait être d'agir, l'espèce d'hypnotisme qui la clouait à la place où les trains de mobilisation l'avaient amenée, ajoutaient cruellement à cette impression. Involontairement je pensais au patient qui, la tête prise dans le créneau de la guillotine, entend, au dessus de lui, glisser le couperet.

*
* *

La nouvelle du combat de Wissembourg, où la division Douay fut détruite, arriva comme un coup de foudre. Stupeur partout, ébranlement subit de la foule comme après une décharge électrique. Explosion de colère, de fureur et de terreur.

A Sarreguemines, table d'hôte au premier, dans une auberge. Beaucoup d'officiers très sombres, muets. Un ingénieur du chemin de fer dit :

— Ce n'est rien. Le général Abel Douay ne commandait qu'une brigade, une petite brigade.

Personne ne lui répond, sinon moi, qui m'emporte.

— C'est une division, monsieur !

J'étais désespéré. J'ai eu là, à cette table, la vision de tout le désastre, la France écrasée, les provinces arrachées.

*
* *

C'était le soir de la bataille de Forbach. J'avais quitté mon cher ami Claretie depuis quelques instants. Je me trouve à l'embranchement sur Sarreguemines, à la station de Bening-Merlebach. Un convoi arrive. Il est plein d'officiers et de soldats blessés. Que disent-ils ? Un employé de chemin de fer me jette cette phrase en courant :

— C'est une défaite !

Une ou deux figures livides paraissent aux portières ; le convoi repart vers Metz.

D'un côté de la voie, il y a une colline boisée qui se découpe en noir sur un ciel rouge, traversé de lueurs blanches. Derrière elle, les coups de canon se succèdent presque sans intervalle. De l'autre côté de la voie s'étend une prairie où des soldats sont couchés et causent tranquillement à côté de leurs fusils formés en faisceaux. Un commandant, un homme grand, maigre, à la figure énergique, se promène, agité, sur le quai de la gare. Je m'approche de lui ; je le questionne avec cette curiosité familière que les désastres rendent naturelle. Que font ces troupes au repos pendant qu'on se bat à côté d'elles ? Que fait-il lui-même devant ces rails, à écouter les échos de la bataille ? Il répète deux ou trois fois, d'une voix saccadée, la même phrase :

— Nous n'avons pas d'ordres ! Nous n'avons pas d'ordres !

Sa tunique est déboutonnée ; sa chemise est ensanglantée. De rage il s'arrache la peau de la poitrine avec les ongles.

AUTOUR DU 4 SEPTEMBRE

I

Pendant les quelques jours qui précédèrent le 4 septembre, jours d'inquiétude et d'angoisse où les nouvelles contradictoires arrivaient du théâtre de la guerre, mais où déjà l'on prévoyait la catastrophe finale, je réunissais tous les après-midi, dans mon petit appartement de la rue de l'Oratoire-du-Roule, quelques amis républicains du quartier. Une révolution se préparait; on devinait qu'elle allait éclater dès la première bataille perdue. Nous voulions être prêts à agir, éviter l'éventualité d'une régence, empêcher la conclusion de la paix, aider un gouvernement révolutionnaire à organiser une résistance énergique et intelligente dont, malgré la défaite de nos armées, nous espérions encore le succès. Parmi ces conspirateurs, il y avait des ouvriers, des petits boutiquiers, un architecte, quelques bourgeois à leur aise. Tous voulaient se battre ; tous attribuaient nos désastres à l'impéritie de nos chefs militaires et, en cela, ils ne se trompaient pas. Tous avaient l'horreur de l'Empire. Je leur apportais les nouvelles que j'étais allé prendre, avant le dîner, au *Rappel*. On discutait la levée en masse, les chances qu'il nous restait de vaincre, les moyens de prendre d'assaut l'Hôtel de Ville, les Tuileries. Nous étions très inquiets de savoir comment on pourrait se débarrasser de l'Empereur, que nous regardions comme l'auteur responsable de tous nos maux. N'allait-il pas, un jour ou l'autre, se rabattre sur Paris avec ses généraux et les débris de ses troupes ? Ne voudrait-il pas traiter avec l'étranger et sauver son trône en exilant, en déportant ou même en fusillant ses ennemis ? Les souvenirs du 2 décembre nous hantaient. Personne ne pouvait prévoir, si pessimiste que l'on fût, l'effondrement et la honte de Sedan.

Je sus, plus tard, que nous avions été très surveillés par la police. En effet, quand Edmond Adam, après le 4 septembre, prit possession de la préfecture, Paul Parfait, qui était son secrétaire, me communiqua mon dossier secret, déjà très volumineux. Il y avait bien des niaiseries là-dedans, et entre autres que, de concert avec Aurélien Scholl et Jules Claretie, j'avais tramé un complot pour assassiner Napoléon III. Les policiers sont tous les mêmes : quand ils n'ont rien à dire, ils inventent des choses saugrenues qu'ils mettent au hasard sur le compte de gens qu'ils ne connaissent pas. Transformer Claretie et Scholl (sans me compter) en disciples de Ravaillac, c'était un peu trop se moquer de leurs chefs hiérarchiques. En revanche, il y avait des notes très exactes sur nos réunions, non sur ce qui s'y disait et s'y faisait — de cela la police n'a rien su — mais sur l'heure où elles avaient lieu, sur l'heure où elles se terminaient et sur le nombre de personnes qui y prenaient part. Les agents nous observaient du trottoir opposé, et comme mon appartement se trouvait à l'entresol, ils apercevaient nos silhouettes se découpant sur les rideaux de mes fenêtres. Dans de longs rapports ils signalaient les gestes entrevus, les attitudes devinées. Ils en concluaient qu'il se passait des choses graves. Pour moi, j'eus le plaisir de constater que parmi nous il n'y avait pas eu de « mouchards », fait exceptionnel.

*
* *

Je suis revenu de Metz depuis peu de jours. C'est le 4 septembre. J'arrive sur le pont de la Concorde où je trouve Naquet. Devant le Corps législatif, une rangée de soldats d'infanterie de marine qui en défend l'accès. Quelques sergents de ville se promènent sur l'asphalte. Une légion de garde nationale traverse la place de la Concorde et s'engage sur le pont. Un officier de paix l'arrête : on ne passe pas ! Les gardes nationaux, formés en colonne, mettent l'arme à terre, faisant face à l'infanterie de marine. Le combat va-t-il s'engager ? Les adversaires sont à cinquante pas les uns des autres. Le colonel paraît perplexe. Il a mis le sabre au fourreau.

La ligne d'infanterie de marine a un flottement. Mais aucun commandement ne se fait entendre. Les soldats hésitent une seconde. Puis ils mettent la crosse en l'air, font demitour et s'en vont.

Nous sommes, Naquet et moi, sur le trottoir

à gauche en regardant le monument, à peu près seuls, un peu spectateurs, un peu acteurs cependant, car si la bataille s'engage, nous marcherons avec la légion.

Une foule énorme se masse sur la place, derrière la légion qui occupe toujours le pont, et s'arrête, immobile comme elle. On entend quelques cris, de longs murmures de colère; les heures passent.

Le colonel qui commande la légion, pensant que cela va tourner mal, veut faire faire demi-tour à ses hommes et rentrer chez lui.

A ce moment sort des rangs un superbe gaillard gradé qui lui dit :

— Colonel, vous êtes nommé, et moi, je suis élu. C'est moi qui représente la légion et j'en prends le commandement. Quant à vous, retirez-vous !

Le colonel, voyant que personne ne prend son parti, tourne le dos et disparaît. Aussitôt le superbe gaillard fait battre la charge, la légion se porte en avant, nous la suivons, et le Corps législatif est envahi.

La révolution était faite.

Et maintenant, quel était cet homme dont l'audace et l'esprit de décision précipitaient les événements et renversaient à peu près tout ce qui restait de l'Empire ? On ne l'a jamais su, ni moi ni personne.

La foule se rue derrière la garde nationale; on ouvre les grilles. Nous montons l'escalier qui conduit à la colonnade. Les quais, le pont, la place, sont noirs de monde. Des baïonnettes luisent çà et là. Quelques voix s'élèvent :

— Vive la République !

Nous rencontrons M.... Il nous dit :

— Quel beau jour ! Il n'y a plus d'Empire.

C'était vrai, mais il oubliait une chose : il y avait les Prussiens.

Nous allons à l'Hôtel de Ville. Il est déjà envahi. La foule circule dans les salles, si épaisse et si compacte qu'il est presque impossible d'avancer. On a lacéré les portraits de l'Empereur et de l'Impératrice. On a cassé la tête à quelques aigles et l'on a gratté quelques N. Ce sont les seuls dégâts commis. Le peuple crie, parle, gesticule, mais ne touche à rien. Pour rejoindre je ne sais quel ami que j'aperçois et qui me fait signe, je saute sur une table. Un homme près de moi me dit, en colère :

— Prenez donc garde. Vous allez renverser l'encrier !

*
* *

Malgré l'envahissement du 4 septembre, le palais des Tuileries était resté ce qu'il était le jour où l'Impératrice l'avait quitté. Toutes les chambres portaient la trace d'une fuite précipitée. Les tiroirs des commodes étaient ouverts et apparaissaient pleins de linge en désordre, comme s'ils avaient été fouillés à la hâte ; les armoires étaient restées ouvertes et, à l'intérieur, on apercevait des robes et des mantelets. Des corsages, des fichus, traînaient sur le parquet ; aucun meuble n'était à sa place. Dans les salles de réception seulement, tout avait été laissé en ordre. C'est là que Claretie détacha une abeille d'or du dais en velours du trône impérial, pour l'envoyer à Victor Hugo.

Le cabinet de l'Empereur, dont les fenêtres donnaient, d'une part sur le jardin, de l'autre sur la Seine, restait intact. En ouvrant un placard vitré, l'un de nous en tira des petits soldats avec lesquels le Prince Impérial apprenait l'école de peloton et l'école de bataillon. La pièce était carrée, haute, imposante et simple.

Dans le pavillon central, où aboutissait l'escalier d'honneur, on avait derrière soi la cour du Carrousel, où Napoléon Ier passait les revues de sa garde, l'ancien et le nouveau Louvre et tout le Paris d'autrefois; devant soi les Tuileries, le jardin réservé, puis la place de la Concorde, la ligne droite des Champs-Élysées, terminée par l'Arc de Triomphe dont la voûte encadrait le coucher du soleil. Cet ensemble de larges avenues, de grands espaces, de monuments imposants qui résumaient tant de gloires éteintes, était devenu désert. Çà et là, on apercevait quelques gardes nationaux s'exerçant au maniement du fusil. Des coups de canon, régulièrement espacés, rappelaient que l'ennemi était aux portes. Là, plus que partout ailleurs, on avait la sensation de la disparition d'une grande puissance. Les souvenirs du passé, qu'évoquaient chaque arbre et chaque pierre, faisaient paraître le présent plus lugubre et plus amer. Il était impossible de ne pas sentir les larmes vous monter aux yeux. On ne regrettait pas l'Empire, mais on était tenté de pleurer sur la France vaincue.

II

Je m'étais couché tard. A quatre heures du matin, on frappa violemment à ma porte. C'était un jeune homme qui m'apportait, de la part d'Étienne Arago, maire de Paris, ma nomination de maire provisoire du VIIIe arrondissement. La nomination était accompagnée de l'ordre de prendre immédiatement possession de la mairie et de me rendre rue d'Anjou.

— Ai-je quelqu'un pour m'accompagner ?

— Non; pas un agent. Nous n'avons personne.

Alors je me décidai à aller seul et, m'étant habillé, je descendis, les mains dans mes poches, le faubourg Saint-Honoré.

Le quartier était désert, silencieux, mal éclairé. Je trouvai fermée la grande porte cochère de la mairie. Je frappai, je sonnai tant et si bien qu'au bout d'un quart d'heure le concierge, en manches de chemise, les yeux alourdis par le sommeil, vint ouvrir. Un dialogue curieux s'engagea entre nous.

— Que voulez-vous, monsieur, à cette heure-ci?

— Je viens prendre possession de la mairie au nom du maire de Paris.

Le concierge me regarda, ahuri et effrayé.

— Le maire de Paris ! Qui est-ce, ça? Il n'y a pas de maire de Paris.

Je lui tendis mon papier officiel, qu'il lut à la lueur d'une bougie.

— Oui. C'est le gouvernement provisoire, alors, comme en 48?

— Certainement. Ouvrez-moi le bureau du maire tout de suite.

Le concierge sourit.

— Ah! monsieur le maire a tout fermé; ses adjoints aussi. Ils ont emporté les clefs et ils ont dit qu'ils quittaient Paris.

— Eh bien, allez me chercher des serruriers!

Le concierge leva les yeux au ciel.

— Monsieur, vous ne voudriez pas, à cette

heure-ci ! Le quartier est calme. Vous n'avez rien à faire. Laissez dormir ces pauvres gens. C'est bien assez de m'avoir réveillé.

Je fus pris d'une envie de rire. Au fond, il avait raison.

— Enfin, lui dis-je, vous avez ici quelque chose d'ouvert : un poste de police. Conduisez-moi là en attendant. Je ferai connaître à l'officier de paix ma mission et mon nouveau titre.

Le poste était à gauche dans la cour. En m'y introduisant, le concierge cria : « Le maire du Gouvernement provisoire ! » Les sergents de ville qui dormaient tournèrent la tête et me regardèrent curieusement. Je leur dis mon titre. Je les questionnai sur ce qui se passait dans l'arrondissement, où tout d'ailleurs était fort tranquille. Puis j'allumai un cigare en attendant le moment d'envoyer chercher les serruriers.

Tous ces braves gens me considéraient en dessous avec un mélange de crainte et de défiance. La chute de l'Empire, nos désastres, les avaient consternés. Ils ne comprenaient rien à ce qui se passait, non plus qu'à ce qui s'était passé. Ils redoutaient l'avenir, peut-être aussi les rancunes du peuple. Les sentiments qui les agitaient se peignaient sur leurs visages anxieux.

A six heures du matin, le serrurier arriva. On ouvrit toutes les portes. Je m'installai dans le cabinet du maire et je fis prévenir mes amis républicains qu'ils me trouveraient là. Bientôt ils arrivèrent en foule. L'un d'eux me dit :

— On m'a affirmé qu'il y avait des fusils cachés dans un coin de la mairie, dont on devait armer la police en cas de révolution.

Je fis aussitôt venir le concierge.

— Vous avez des fusils cachés ici ?

Il balbutia :

— Oui, peut-être... Je ne sais pas bien.

— Soit ! conduisez-nous.

Il nous fit parcourir toute la mairie. Enfin, sous les toits, dans une sorte de mansarde, nous trouvâmes cent et quelques fusils avec des provisions de cartouches.

J'armai aussitôt mes amis. Ce fut tout ce que je fis dans cette mairie. Et comme il me semblait que le moment était mal choisi pour accepter des fonctions sédentaires, je donnai bientôt ma démission pour prendre peu après le commandement d'un bataillon de marche.

*
* *

Le 4 septembre, Paris était très agité, bien qu'il n'y eût ni émeute, ni révolution. L'Empire s'était évanoui plutôt qu'il n'était tombé. Delescluze, que je rencontrai près du Palais-Bourbon, me dit tristement, car il était sombre ce jour-là :

— Si la République sort de tout ceci, elle sera bien réactionnaire et bien impitoyable pour les républicains.

— Pourquoi donc ? lui demandai-je.

Il me regarda, étonné un peu de n'être pas compris.

— Pourquoi ? reprit-il. Parce qu'il n'y a pas eu de sang versé.

Peut-être avait-il raison. Les révolutions ne changent profondément un régime que lorsqu'elles sont l'œuvre de la révolte. Quand elles se font d'elles-mêmes et seulement par la force des choses, elles ne modifient que les étiquettes et les devises.

PENDANT LE SIÈGE

I

Jusqu'au jour où je fus nommé chef de bataillon et où je pus occuper mon oisiveté, je souffris de cette impatience et de cette angoisse qui pesaient si lourdement sur Paris. Les journées semblaient mortellement longues. On attendait les pigeons, les nouvelles qui arrivaient du ciel. Des bruits contradictoires couraient, qui tantôt abattaient, tantôt relevaient les courages. Beaucoup de gens dénonçaient les signaux nocturnes qui, suivant eux, informaient les assiégeants de la situation intérieure de la ville ou des mouvements militaires projetés. Ils affirmaient avoir vu des lumières de couleurs différentes paraître à intervalles égaux à certaines fenêtres de maisons inhabitées ou suspectes. Souvent la foule en forçait les portes, grimpait les escaliers et se répandait de force dans les appartements. Jamais ces violations de domicile n'eurent de résultats sérieux. Les espions allemands ne manquaient cependant pas à Paris. Il y en avait jusque dans les rangs de la garde nationale.

Mais c'étaient eux qui le plus hautement manifestaient leur patriotisme. On ne les a pas découverts et l'on n'a pas fait d'efforts pour les découvrir.

*
* *

Rien n'était plus sinistre que le silence qui régnait sur toute la ville et qu'interrompait seulement le canon des forts. Le soir surtout, à partir de cinq heures, tout mouvement s'arrêtait. Dans l'obscurité profonde des rues, on apercevait de temps en temps la lueur d'une lanterne qui passait. A la porte des épiceries ou des boucheries fermées, on devinait, à travers l'épaisseur de l'ombre, des troupeaux de femmes, les pieds dans la neige ou sur la glace, qui grelottaient et qui se plaignaient à voix basse. Les maisons étaient noires, et comme, faute de combustible, on ne pouvait pas faire de feu, aucune fumée ne s'échappait des cheminées.

∴

Dans les commencements, Trochu avait ordonné une opération du côté de la Malmaison. Un matin, en me réveillant, je lus dans les journaux cette note officielle : « L'armée française a conservé ses positions. » Ce n'était pas vrai, mais cela produisait bon effet.

Je crus qu'en effet l'armée française n'avait pas reculé, et, avec ma carte de membre de la « commission des barricades », je pris un fiacre découvert pour aller la trouver « sur ses positions ». Il faisait beau, ce jour-là : un clair soleil d'automne dorait les feuilles déjà jaunies des arbres, et j'avais envie de voir la campagne et de respirer. Puis je croyais à une demi-victoire et j'étais content.

A la barrière de l'Étoile, une chance me fit rencontrer M..., qui me demanda à venir avec moi. M... était un peintre qui avait eu l'idée de devenir directeur de théâtre et qui s'était installé boulevard des Italiens, au fond d'une cour, avec sa troupe, là où il y a eu depuis un vrai théâtre. A mon retour d'Orient, je rédigeais un petit journal soi-disant littéraire qu'il avait adjoint à son établissement dramatique. C'était un toqué sans malice, que cependant un malheureux notaire — je l'ai su depuis — commanditait avec l'argent de ses clients. La faillite survenue plus tard fut terrible. Le notaire dut quitter le Conseil municipal, où il venait d'être élu. Quoi qu'il en soit, M... monta dans mon fiacre et nous descendîmes l'avenue de Neuilly tout en causant.

Arrivés au rond-point de Courbevoie, où il y avait un poste, je demandai à l'officier si l'armée était toujours « sur ses positions », et s'il avait quelques nouvelles de ses opérations.

— Elle n'a pas battu en retraite, me dit-il; elle doit être là-bas encore. En suivant la route de Saint-Germain, vous trouverez certainement un de ses corps. On dit qu'elle a occupé Chatou.

Il était mal informé, cet officier, comme tous les Parisiens, du reste, mais nous le crûmes sur parole.

La route était complètement déserte, ce qui aurait dû nous faire réfléchir. A Rueil, toutes les maisons étaient closes, tous les volets fermés. A l'intérieur, paraît-il, il y avait des francs-tireurs, car l'un d'eux, que j'ai rencontré depuis, m'a dit :

— Nous vous avons reconnu, mais nous n'avons pas voulu vous arrêter et vous signaler le danger, parce que nous avions peur que l'ennemi ne nous entendît et ne sût où nous étions cachés.

M... et moi, cependant, nous continuions, confiants, à chercher l'armée française.

A quelques mètres plus loin, tout à coup sortit de derrière un arbre un soldat prussien, puis, de l'autre côté de la route, deux ou trois autres qui nous mirent en joue, les fusils presque sur nos figures.

— Prisonniers ! dit l'un en français.

Par bonheur, M... avait dans sa poche un brassard avec la croix de Genève. Il le montra en criant :

— Médecin ! Médecin ! Docteur !

Les Prussiens hésitèrent. Ils échangèrent quelques mots, et je compris que le caporal n'était pas là. On m'apprit d'ailleurs, au retour, qu'un armistice avait été conclu, après la lutte, qui devait expirer à midi ; il n'était que onze heures.

Le Prussien nous dit enfin :

— Montez le chemin à gauche, puis tournez à droite ; vous irez à l'État-major, où on vous dira ce qu'on fera de vous. Je vous surveille avec mon fusil.

Ce n'était pas tout à fait du français, mais c'était très compréhensible.

La voiture tourna à gauche, monta un petit raidillon ; mais alors, au lieu de tourner à droite, je criai au cocher de tourner encore à gauche. Un coup de fusil accompagna mon ordre. Le fiacre partit d'un galop que jamais depuis je n'ai vu prendre à un fiacre. Le terrain ondulé nous dissimula au bout de quelques secondes. Nous rejoignîmes la grand'route. Nous étions sauvés.

II

Il me souvient de ma nomination de chef de bataillon. C'était après le 31 octobre. Je m'ennuyais depuis longtemps d'être simple garde dans les bataillons conservateurs et réactionnaires du faubourg Saint-Honoré, qui ne voulaient pas se battre et où mes opinions me faisaient mal voir. Tolain, adjoint de Mottu au XIe arrondissement, me dit un jour :

— Venez donc. Je vous ferai donner un commandement; le 66e est libre : Avrial, qui le commandait, a donné sa démission.

Avrial, depuis membre de la Commune ou du Comité central, ouvrier mécanicien, avait envahi l'Hôtel de Ville et, comme le Gouvernement de la Défense Nationale avait eu le dessus, ne voulait plus se mêler de rien. Il se contentait, maintenant, de diriger un atelier coopératif de fabrique d'armes. Hélas! cet atelier a passé son temps à destituer et à réélire des contre-maîtres.

C'était un brave homme que cet Avrial. Il était utopique et bienveillant. Mais il aurait mis le feu aux quatre coins de Paris. Très honnête avec cela, très probe et travailleur. Il ne ressemblait pas aux socialistes de notre temps. Je le vois encore avec sa bonne figure souriante encadrée d'une barbe blonde, polissant un canon de fusil, ravi d'être quitte de ses devoirs militaires. Le bataillon l'aimait, étant en majorité, comme lui, républicain, internationaliste, communiste et patriote.

J'arrivai le matin à la mairie. Dans la grande salle des fêtes où, depuis, j'ai si souvent parlé et conférencié, tous les officiers, sous-officiers, gardes, étaient réunis. Tolain présidait. Il me présenta et, au milieu du tumulte des sabres, des fusils et des gibernes, les mains se levèrent et je fus élu. J'allai aussitôt m'acheter un caban auquel je fis coudre quatre galons, et un petit képi orné d'une cocarde tricolore. J'avais avec cela de grandes bottes et, la mairie m'ayant octroyé un sabre, je me trouvai très convenablement équipé.

Le bataillon, qui savait vaguement que j'avais fait la campagne de Sicile, et dont les gardes étaient pour la plupart mes lecteurs, parut content de m'avoir à sa tête. Les hommes se cotisèrent même pour m'acheter un plumet dont, je l'avoue, je me serais passé. C'était un plumet qui devait se balancer au-dessus de la cocarde du képi. Où avaient-ils trouvé ce plumet qui n'était pas réglementaire ? Où avaient-ils déniché cet ornement ? Je ne l'ai jamais su. Mais il constituait un témoignage trop éclatant de leur sympathie pour que je parusse le dédaigner.

Me voilà donc avec des galons et un plumet. Au fond, je n'étais pas fâché. J'avais la volonté très ferme de conduire mon bataillon au feu. Je trouvais que nos amis se réservaient trop pour les emplois civils et que les républicains gagneraient à sortir des remparts. Mais il me fallait étudier l'école de peloton et l'école de bataillon, un peu oubliées alors.

Je m'enfermai chez moi, et, toute une nuit, je fis manœuvrer des allumettes. Nous devions le lendemain faire l'exercice dans un champ situé derrière le Père-Lachaise, et je ne voulais pas humilier mon plumet par mon ignorance. Quelles nuits que ces nuits du siège, noires, silencieuses, mornes, désolées, troublées seulement par le bruit de fusillades lointaines !

Il me fallait un cheval. Malheureusement, les chevaux devenaient de plus en plus rares. L'idée me vint d'en aller chercher un au Cirque du Château d'eau, où j'en trouvai. Celui qu'on m'offrit, assez joli d'ailleurs, était taché de jaune et de blanc, avec une longue queue et une longue crinière, vrai cheval de cirque et, ce qu'on ne me dit point, cheval savant.

Ah ! je fis beaucoup d'effet sur le bataillon, massé boulevard Voltaire, avec mon cheval et mon plumet ! Mon arrivée dans cet équipage excita, je dois l'avouer, l'admiration. Mes hommes crurent revoir un général des pièces militaires du boulevard. Mais ce fut bien mieux encore quelques instants après. Nous avions une musique, hélas ! Et voilà qu'au moment où, à mon commandement, nous nous mettons en marche, cette musique joue. Mon cheval, aussitôt, se dresse tout droit sur les pieds de derrière, agite ses jambes de devant et commence à valser. J'étais assez bon cavalier alors, heureusement pour moi. Je le maintins comme je pus. Cependant il valsait toujours, et c'est en valsant que j'arrivai au champ de manœuvres. Eh bien! pas un de mes hommes n'a eu envie de rire : ils ont trouvé cela superbe.

∴

Le bureau du commandant du bataillon était installé dans une boutique vide du boulevard Voltaire, en face de la mairie. J'avais pour secrétaire un comptable du quartier. Tous les matins, sa femme, accompagnée d'une toute petite fille assez sauvage qui se cachait derrière les jupes de sa mère, lui apportait à déjeuner.

La petite n'annonçait pas devoir être belle comme elle l'a été plus tard, mais elle avait une physionomie intelligente et drôle qui attirait l'attention. Je ne me doutais cependant pas qu'elle deviendrait un jour une grande tragédienne et une admirable artiste, et qu'elle finirait sociétaire de la Comédie-Française. C'était la future Mme Segond-Weber. Plus tard seulement, quand je la retrouvai dans les pensions de l'arrondissement, et que je l'entendis réciter des vers aux distributions de prix, je pensai qu'elle pourrait se tirer d'affaire au théâtre. Elle n'a jamais oublié les couronnes de papier trop étroites que j'enfonçais sur sa jeune tête.

III

Un beau jour, on me fit venir à l'État-major pour me dire que jamais on n'enverrait mon bataillon, dont on craignait l'esprit révolutionnaire, aux avant-postes, et que, si je voulais aller à l'ennemi, il me fallait prendre le commandement du bataillon de l'Octroi (226e de marche), qu'on venait de former.

J'acceptai, bien qu'il m'en coûtât de quitter le 66e. Me voilà donc à la tête d'un bataillon composé de vieux soldats et où, seul, je n'avais ni décoration ni médaille. Tout de suite, on nous donna l'ordre de quitter Paris. Nous étions envoyés à Port-à-l'Anglais.

Un officier de l'état-major de l'armée vint nous prendre pour nous conduire. C'était le frère cadet de M. de G..., avec qui j'avais fait la campagne de Syrie. Il me parla du temps passé, de ce que son frère lui avait raconté de mes aventures à Djebail et dans la plaine de Tortose. Que cela semblait loin et combien se trouvait changée notre situation militaire ! La sortie de Paris était sinistre. Une route déserte, des maisons espacées, dont on avait arraché les volets, les portes et les fenêtres, et qui montraient des intérieurs pleins de débris. De vastes terrains vagues semés de pierres, où traînaient des roues de charrettes brisées, des épaves dont on ne devinait pas la provenance. Un ciel gris ne laissait tomber qu'un peu de lumière sur ce paysage désolé. A l'horizon, une brume épaisse au milieu de laquelle se devinaient vaguement des ruines. De gros blocs de glace dans toutes les ornières des chemins défoncés.

***

Nous sommes aux bords de la Seine, logés dans des baraques. Le bataillon a mission de défendre un bastion de terre qui s'appuie au fleuve. Sur notre droite, le chemin de fer; plus loin des hauteurs. En face de nous, la gare aux bœufs occupée par les Prussiens. Nous sommes sous les ordres de l'amiral Pothuau. C'est Roger (du Nord) qui est son chef d'état-major.

La Seine est prise. Près de nous se trouve la canonnière de Farcy, empêtrée dans la glace. Probablement elle a été surprise par la gelée, car son canon est tourné vers Paris. Farcy se promène sur la berge, désolé.

Je l'avais rencontré chez Victor Hugo. Il me raconte ses peines. On le dédaigne, lui et sa canonnière. On ne croit pas à son invention. On le laisse dans une situation ridicule. Si les Prussiens voulaient prendre son bateau, il serait obligé de le défendre à coups de revolver. C'est bien la peine d'avoir un canon !

C'était un garçon curieux que Farcy : un des précurseurs de ce qu'on a appelé « la jeune marine ». Il ne croyait qu'à la puissance des petits bateaux, peut-être parce qu'il en avait inventé un. Sa canonnière était devenue chez lui une idée fixe. En dehors d'elle, il ne pouvait parler de rien. Il en parlait à tout le monde. Sa construction lui avait valu des luttes terribles avec l'administration, et si acharnées qu'elles l'avaient rendu républicain. Mais une fatalité pesait sur cette canonnière. Placée à Port-à-l'Anglais pour soutenir l'armée de terre, elle tournait le dos à l'ennemi.

∴

Roger (du Nord) était un homme glabre, avec un gros nez et des yeux intelligents. Roger déclarait, lui aussi, le gouvernement faible. Deux ou trois fois, il vint épancher sa colère dans ma baraque, où il trouvait de l'écho.

Dans les engagements avec les Prussiens, l'amiral Pothuau était admirable. Il montait sur une petite passerelle placée au-dessus du chemin de fer et là, à une hauteur de sept à huit mètres, se découpant sur le ciel, servant de cible à toutes les troupes ennemies, au milieu d'un ouragan de plomb, il donnait des ordres et surveillait le combat, aussi tranquillement que s'il eût été dans sa chambre ou dans une tribune aux courses de Longchamp. Jamais il n'a été atteint.

Au demeurant, on ne faisait rien. Des fusillades, des canonnades, c'était tout. J'ai eu plus d'hommes gelés que de blessés. Le bataillon se tenait très bien. Il fut deux fois mis à l'ordre du jour.

En avant de nos tranchées, on avait creusé de grands trous ronds où les marins allaient se fourrer pendant la nuit. Ils revenaient au camp avant le lever du soleil. Je ne sais comment ils y tenaient sans mourir. Le froid était horrible ; nous nous chauffions avec des portes, des volets, des meubles, tout ce que nous pouvions trouver dans les maisons abandonnées ou dans les champs. On ne mangeait déjà plus que du cheval, du mulet ou de l'âne (ce dernier est très supérieur), du chien quelquefois, mais c'était bien mauvais et bien coriace.

∴

On nous releva au bout d'un mois environ. Nous rentrons à Paris. Trois jours après, on nous envoie à La Varenne-Saint-Hilaire, dans la boucle de la Marne. Pendant mon séjour chez moi, je vais à l'État-major, place Vendôme. Tous ces messieurs sont autour d'une table, devant des cartes étalées. L'un d'eux dit, lorsque j'entre : « Tiens, voilà un Parisien ; il va nous renseigner. Où est donc Nogent-sur-Marne ? »

C'était absurde de mettre des troupes dans

la boucle. Elles y pouvaient être prises comme dans une souricière. Les canons prussiens les dominaient de tous les côtés. Si elles voulaient avancer, la Marne leur barrait la route; si elles voulaient se replier, on pouvait, avec peu de monde, leur fermer le passage. De toutes façons, elles étaient perdues. Mais la défense n'était qu'un simulacre. On jetait les hommes au hasard, autour de Paris, sans plan arrêté, sans idée stratégique ou tactique. N'étaient-ils pas destinés, tôt ou tard, à capituler ?

Le « Colonel commandant supérieur de la défense de la presqu'île » est un aimable homme, un peu royaliste, je crois, et qui pense à se faire décorer par la République. Il n'a rien à faire dans le traquenard où on l'a mis. Il passe son temps à monter sur les toits pour observer les Prussiens qui sont de l'autre côté de l'eau.

Toutes les rues de La Varenne se trouvent enfilées par les canons de la colline en face. Pour aller occuper les postes assignés au bataillon, il faut s'exposer à recevoir des balles ou des obus que, d'ailleurs, on ne nous ménage pas. Je commence par faire élever des sortes de barricades qui permettent de traverser les rues sans être vu. Ensuite, je fais ouvrir de larges brèches dans les murs de clôture, dans les maisons quelquefois, pour qu'il devienne possible de cheminer à l'abri. Le village est désert. Presque toutes les constructions sont de jolies villas entourées de jardins. Le déménagement et le pillage n'y ont laissé que peu de choses. Les soldats ont arraché les volets et quantité de portes pour se chauffer; ils ont brûlé jusqu'aux livres des bibliothèques. Çà et là, les projectiles ennemis font des ruines. Beaucoup de plafonds défoncés laissent tomber au rez-de-chaussée ce qu'il y avait dans les étages supérieurs. Parfois on voit une fumée au-dessus de Champigny, on entend un coup de canon, puis, après, le bruit de quelque chose qui s'écroule.

Après avoir traversé un dédale de cours et de jardins avec quelques-uns de mes hommes, j'arrive devant une dernière muraille que je fais abattre; nous nous trouvons alors dans un petit enclos, où nous apercevons une chèvre. Mes hommes poussent des cris de joie : c'est un dîner inespéré. Ils s'élancent pour la saisir, quand un cri aigu s'échappe d'une bicoque perdue dans un coin et que nous n'avions pas remarquée. Un être déguenillé et barbu en sort suivi d'une femme et d'un enfant. Tous les trois pleurent. Le déguenillé et la femme se précipitent vers moi et me saisissent les mains.

— Commandant, disent-ils, au milieu des sanglots, ne nous enlevez pas notre chèvre ! Nous vivons ici depuis le commencement du siège. C'est la chèvre qui nous nourrit de son lait. Si vous nous la prenez, nous allons mourir de faim et de misère.

Les soldats n'entendent pas de cette oreille. Il y a un décret du Gouvernement qui interdit aux particuliers de posséder des animaux de boucherie vivants, et la chèvre est au premier chef un animal de boucherie. Il la faut à tout prix. Ils la prendront de force.

La femme se jette à genoux. L'enfant pousse des hurlements.

Je m'interpose. Défense aux hommes de toucher à la chèvre.

Les pauvres gens ! Dix ans après, ils m'écrivaient encore des lettres pour m'exprimer leur reconnaissance. Ils m'invitaient à aller les voir à La Varenne.

Je regrette de n'y pas être allé.

Il y avait d'autres malheureux qui vivaient à La Varenne. On ne les voyait jamais. Où se cachaient-ils ? Probablement dans des caves. Que mangeaient-ils ? Peut-être, dans les premiers jours, avaient-ils, en fouillant les maisons désertées, amassé quelques provisions Mes hommes ont souvent aperçu, sur le chemin de halage, pendant la nuit, des femmes qui se promenaient. Le dernier jour, le jour de la capitulation, nous vîmes beaucoup de gens sur ce même chemin de halage et dans les rues. Ils avaient l'air de sortir de dessous terre.

*
* *

Avant d'être pillés et saccagés par les Prussiens, les environs de Paris l'avaient été par les paysans, par des rôdeurs et des vagabonds. Je me souviens d'avoir envoyé ma vieille bonne déménager la maison d'un ami absent, qui m'avait demandé de lui sauver quelques meubles. Cette maison se trouvait dans un petit village, à Lozère, sur la route de Sceaux. Quand ma malheureuse bonne arriva, le village, ou du moins toutes les habitations bourgeoises, toutes les villas étaient dévastées. Les bandes couraient le pays, où il n'y avait plus ni gendarmes ni gardes champêtres, forçant les portes, enfonçant les fenêtres, maltraitant tous ceux qui leur refusaient de l'argent. Ma bonne fut poursuivie, à travers champs, par des individus qui lui jetaient des pierres. Elle arriva à la gare de Lozère à demi morte de peur. Le dernier train la ramena.

IV

Le capitaine B..., de la 2e compagnie, avait des goûts luxueux et artistiques. A force de fouiller dans toutes les villas, il avait fini par se meubler, au rez-de-chaussée d'une jolie maison de campagne, un salon très élégant, bien qu'assez peu homogène. Il avait trouvé un tapis pas trop usé, de grands rideaux de velours rouge, une étagère de Boulle, quelques fauteuils intacts, une chaise longue, des candélabres, un lustre de cristal. Comment avait-il pu réunir tous ces objets? Où les avait-il dénichés? De quelles expéditions nocturnes s'était-il rendu coupable? Je l'ignore. Ce qui est certain, c'est que son salon avait un bon aspect.

Il y manquait un piano, mais cela pour une bonne raison, c'est que le jour où B... m'invita à dîner, le piano découpé servait, dans la cheminée de marbre blanc, à faire du feu.

Sur cette cheminée, et en marbre blanc comme elle, il y avait un buste de jeune femme. B... l'avait découvert, m'a-t-il dit, dans une sorte de château où son instinct de collectionneur l'avait conduit. Il était devenu amoureux de ce buste. Il s'asseyait devant lui, le contemplait et restait ainsi des heures entières. La nuit, quand il n'était pas de garde, il se relevait pour le regarder. Sa seule crainte était qu'un obus tombant sur la maison le détruisît et le lui enlevât. Pygmalion revivait dans cet employé de l'octroi. Rarement j'ai vu amant plus rêveur et plus passionné. Le buste, joli du reste, était certainement le portrait ou de la femme, ou de la fille, ou peut-être de la maîtresse du propriétaire du château mystérieux où B... s'était livré à ses recherches. Quelle qu'elle fût, si elle avait pu connaître la folie de ce pauvre garçon, elle en eût été touchée.

Le dîner de B... fut splendide. Le lustre, les candélabres étincelaient ; la table avait été couverte, en guise de nappe, d'un beau drap blanc écussonné ; des parfums rencontrés dans un cabinet de toilette inondaient le tapis. Comme plat de résistance, on nous servit une levrette entourée de vingt-quatre souris qui nageaient dans une sauce brune. La levrette était entière et sa longue queue se relevait en demi-cercle au-dessus de son dos.

*
* *

On tiraillait avec les Prussiens logés dans les maisons de l'autre côté de la Marne. Mon père, de temps en temps, venait de Paris me voir et servait comme volontaire dans le bataillon. Un jour, nous étions derrière une des barricades que j'avais fait élever en travers des rues. Par hasard, j'aperçus la silhouette d'un Prussien à une fenêtre. Je pris le fusil d'un de mes hommes et je tirai; en relevant la tête, je vis qu'il n'y avait plus personne à la fenêtre. La riposte ne se fit pas attendre. Ma barricade faite de débris, et qui était plutôt un paravent, fut criblée et traversée par une grêle de balles. Mon père poussa un cri et tomba.

Il était blessé; il avait une balle dans le côté.

*
* *

J'eus quelques hommes atteints dans diverses occasions J'en eus beaucoup qui eurent les membres gelés, tantôt les pieds, tantôt le nez ou les mains. L'hiver était terrible; les rondes, la nuit, très dures. J'allais, accompagné d'un soldat, visiter les postes. C'était une longue marche à tâtons à travers des jardins obscurs, des maisons éventrées. Parfois il fallait longer les murs assez longtemps avant de trouver la brèche. Nous trébuchions dans des tas de décombres, dans des bassins dont on avait vidé l'eau. Souvent nous glissions sur la glace. Cette promenade devait durer deux ou trois heures. Je rentrais glacé jusqu'aux moelles.

Mes hommes occupaient les maisons le long du chemin de halage. C'est là que l'un d'eux, depuis huissier au Sénat, se jeta sur moi pour me tuer : il m'avait pris dans l'obscurité pour un Prussien !

Toutes les nuits, on entendait un bruit étrange de l'autre côté de l'eau, des coups réguliers frappés sur du bois, comme si on avait enfoncé des pilotis dans la rivière gelée. Ce bruit nous intriguait beaucoup, et, de fait, je ne me le suis jamais expliqué. Essayait-on de construire un pont pour traverser la Marne ? Établissait-on une batterie basse ? Nos yeux ne distinguaient rien. A peine devinions-nous, dans l'obscurité, la largeur du chemin de halage. Au delà, tout était noir, et les hauteurs de Champigny, qui nous dominaient, semblaient énormes.

Le clair de lune n'égayait pas ce paysage d'hiver. Malgré la clarté qui tombait du ciel et qui faisait luire par places le bloc glacé de la Marne, la colline de Champigny restait obscure et mystérieuse. Dans la profondeur de son ombre, des hommes travaillaient avec acharnement à une besogne inexplicable. Toujours à intervalles égaux, le même bruit rompait le silence qui pesait sur les deux armées.

∴

Rien ne pouvait lasser nos espérances, ni les longueurs du siège, ni les souffrances, ni les déceptions; nous attendions toujours les secours de la province, la bataille suprême promise. Des nouvelles couraient en ville, qui de temps à autre nous arrivaient, et qui parfois promettaient la victoire. Nous avions encore le souvenir de la joie de Coulmiers. Ignorants de la situation du dehors, nous voulions croire que tôt ou tard un coup d'éclat nous vengerait de tous les revers. Souvent nous avions vu les Prussiens reculer. Nous pensions que Chanzy était en état de tenir tête à l'armée de Frédéric-Charles devenue libre par la capitulation de Bazaine. Parfois on prétendait avoir entendu le canon au delà des lignes ennemies.

Le gouvernement de l'Hôtel de Ville faisait raconter qu'une sortie était impossible, que trois cercles concentriques de tranchées, flanquées de redoutes, entouraient Paris. Nous savions bien le contraire. Ces mensonges nous irritaient. Des haines féroces, malheureusement justifiées, commençaient à naître contre Trochu, l'État-major, tout ce qui portait l'uniforme. Les faits semblaient confirmer ce sentiment. Après avoir promis le combat, on laissait inactives ou à peu près toutes les milices nouvellement levées. On gagnait du temps, on amusait le public par des promesses ou par de faux bruits, tandis que toutes les forces vives de la défense s'épuisaient.

Déjà, à Metz, nous avions vu Bazaine plus préoccupé d'étouffer la révolution que d'arrêter l'ennemi. Le même phénomène ne se produisait-il pas à Paris ? Ne craignait-on pas la République plus encore que l'Allemagne ? Ne redoutait-on pas une délivrance qui, en sauvant la

France, aurait du même coup balayé pour toujours la Monarchie et l'Empire ?

Tout cela se répétait dans la ville et surtout dans les camps, où la colère s'exaspérait. Trochu, si populaire au début, était devenu l'objet de toutes les rancunes. On le trouvait ridicule après l'avoir déclaré un grand militaire. Ce n'était, à la vérité, qu'un critique et un orateur éloquent. Très honnête homme au fond, je crois, il se sentait écrasé par sa responsabilité; il n'avait foi ni en ses troupes, ni en lui-même. Que n'a-t-il été avocat ou romancier de son état ? Peut-être aurait-il tenu une belle place au barreau à côté de Jules Favre ou de Berryer. Peut-être eût-il écrit des romans-feuilletons comme Eugène Sue. Général en chef, dans un moment aussi tragique, où il eût fallu un Hoche ou un Bonaparte, il était au-dessous du médiocre, au-dessous de rien. Sa faconde provoquait le rire; elle prêtait aussi à toutes les accusations.

*
* *

J'avais connu Ducrot en Syrie, où il avait joué un rôle douteux. Jaloux de son chef, M. de Beaufort d'Hautpoul, il s'était retiré à Ghazir, dans un couvent de Jésuites. De là il conspirait, lait, entouré d'un petit groupe d'officiers. Avait-il raison de reprocher à son chef de ne pas agir et d'hésiter à marcher sur Damas? Cela est possible, mais il était inexcusable de se poser ouvertement en critique et de donner l'exemple de l'indiscipline.

Sa première proclamation, qui avait enthousiasmé Paris : « Je reviendrai mort ou victorieux », l'avait ensuite rendu ridicule. Le lendemain, hélas! il n'était pas plus victorieux que mort.

Les ponts sur la Marne se trouvaient trop courts; il était revenu. On ne pouvait lui pardonner cette rodomontade suivie de cette reculade. Il affectait de mépriser les forces populaires. Et le peuple se disait qu'après des mésaventures si éclatantes, il n'avait le droit de rien dédaigner.

L'impopularité des militaires rejaillissait sur le gouvernement tout entier. Jules Favre était haï. N'avait-il pas eu, lui aussi, une parole imprudente? N'avait-il pas dit : « Nous ne céderons ni une parcelle de notre territoire ni une pierre de nos forteresses »? Il ne faisait aucun effort soit pour défendre le territoire, soit pour sauver la forteresse parisienne.

La rhétorique est une chose funeste. Au moins n'est-elle inoffensive qu'en temps de paix. Dans les moments difficiles, elle joue de terribles tours aux plus habiles et aux plus braves.

Jules Favre fut sa victime comme Ducrot.

Les phrases héroïques deviennent dérisoires, quand elles ne sont pas suivies d'effet. Nous n'admirons les propos de Léonidas aux Thermopyles que parce que Léonidas s'est fait tuer. Si, après avoir dit, lorsqu'on lui affirmait que les flèches des Perses étaient assez nombreuses pour cacher le soleil : « Tant mieux ! nous combattrons à l'ombre », il avait pris sa course pour rentrer chez lui, on le traiterait de polichinelle. C'est la mort qui a fait la gloire de sa littérature.

Si Jules Favre avait dit tout simplement : « Je tâcherai, dans la mesure de mes forces, de réparer les fautes de l'Empire », et si Ducrot avait dit modestement : « Je ferai tous mes efforts pour passer la Marne », on aurait peut-être pardonné à l'un et à l'autre. La disproportion entre leurs discours et leurs actes a déchaîné la haine du peuple.

Un seul des membres de la Défense Nationale a échappé à l'impopularité, et celui-là n'a jamais rien dit. C'est Dorian. Dorian était un brave homme qui avait le sentiment du devoir, une foi sérieuse en son parti et en lui-même.

A la Chambre, il était effacé. Il avait édifié, à force de travail et d'économie, une grande fortune. On lui reconnaissait du sang-froid et du bon sens; mais la rhétorique lui était étrangère.

Ce n'était pas lui qui aurait été capable d'une proclamation imprudente. Cependant, quand vint le siège, sa supériorité éclata. Alors que les autres parlaient, il se mit silencieusement à agir. Il organisa des ateliers, une fonderie. Il fabriqua toute une artillerie. Il fit croire à la possibilité d'une revanche et d'une victoire. Sa confiance se communiqua à ceux qui l'entouraient; elle gagna le peuple. Le nom de Dorian fut bientôt sur toutes les lèvres.

Il personnifiait la résistance, l'amour de la République et de la Patrie. Tant il est vrai que les qualités morales l'emportent sur les qualités intellectuelles !

*
* *

La nouvelle nous arriva que la sortie, exécutée au dernier moment, et pour donner un peu de satisfaction à l'opinion, était repoussée. C'était la fin. Nous n'y voulions pas croire.

Un matin, j'étais à cheval; le commandant supérieur de la presqu'île, que je rencontrai, m'arrêta :

— Nous venons de capituler : j'en reçois la nouvelle officielle, me dit-il.

Au fond, je m'attendais à ce dénouement. Cependant un sanglot me prit à la gorge.

— Que voulez-vous ? ajouta-t-il. Je vous demanderai maintenant de signer une pétition que les mobiles que je commande ont signée tous. Cette pétition a pour objet de me faire obtenir la Légion d'honneur.

Je lui fis signe que non, et je revins au campement.

Mes hommes furent pris d'un accès de fureur. Les capitaines, lieutenants, sous-officiers, se réunirent chez moi. On proposa de quitter Paris et d'essayer de passer au travers des lignes prussiennes, sans tenir compte d'une capitulation que nous refusions d'accepter. La proposition fut votée d'acclamation.

Le bataillon partirait la nuit, se dirigerait sur la route d'Orléans, puis s'efforcerait de gagner Bordeaux. C'était fou, bien entendu. Mais les hommes pleuraient de rage; ils poussaient des cris. « Nous étions joués, trahis! On recommençait à Paris la comédie de Metz! La politique intérieure faisait oublier la Patrie. »

Les officiers disaient cela en phrases entrecoupées, mêlées de jurons. Des exclamations partaient de tous les coins de la chambre. B... essuyait une larme, et cassait une chaise; d'autres frappaient le mur du poing. Puis, au bout d'une heure, le silence se fit et chacun se mit à réfléchir.

Le lendemain, tout le monde comprit l'impossibilité de l'entreprise et l'inutilité de la lutte. Que pouvions-nous seuls? Nous signâmes une protestation que j'ai encore. Quand tout ne finit pas par des chansons, comme dit Beaumarchais, tout finit par des papiers. Il fallut rentrer à Paris.

La rive opposée de la Marne était noire de Prussiens en grande tenue. Ils se promenaient en fumant des cigares, ou ils s'arrêtaient pour nous regarder.

Mes hommes ne se montraient pas. Mais, sur le chemin de halage, il y avait des femmes et quelques enfants qui respiraient à l'air, après avoir passé des mois entiers au fond d'une cave.

J'annonçai au commandant supérieur de la presqu'île que je n'infligerais pas à mes hommes la honte de rentrer en troupe à Paris, et que je disloquerais le bataillon à la place du Trône.

Nous revînmes par l'avenue de Vincennes, et c'est là que j'eus un exemple horrible de la haine et de la jalousie de la banlieue pour Paris.

Nous suivions la contre-allée à gauche. Toutes les maisons étaient closes, toutes les boutiques fermées. Seul, sur le pas de sa porte, un gros homme, marchand de vins, je suppose, fumait sa pipe. Nous voyant passer, silencieux, les têtes baissées, il se mit à sourire et, d'une voix éraillée :

— Ah ! ces Parisiens, les voilà mouchés !

Il n'eut que le temps de fermer sa porte. Il avait dix baïonnettes sur le ventre.

V

Si jamais une population a souhaité la guerre à outrance, c'est bien la population de Paris à ce moment-là. Si la population de Paris a fait la Commune, c'est uniquement parce qu'on lui avait refusé de marcher à l'ennemi.

Il fallait entendre les femmes qui, dès minuit, avec leurs enfants dans les bras, allaient faire queue à la porte des boulangeries, les gardes nationaux qu'on tenait des heures entières sur les places et dans les squares à apprendre le maniement du fusil, les enfants qui jouaient dans la rue, les vieillards qui venaient voir le spectacle d'une ville en armes. Tout ce monde était hanté de l'idée de livrer une bataille suprême ou de voir Paris disparaître comme Ninive, dans une catastrophe qui ferait l'étonnement de la postérité et de l'histoire. On ne s'inquiétait ni de la souffrance ni de la mort. On voulait se battre, chasser les envahisseurs et venger la honte des capitulations. Sans doute il y avait des exceptions, çà et là. Les bataillons réactionnaires du faubourg Saint-Honoré ne tenaient pas à aller au feu et le manifestaient au chef d'état-major de Clément Thomas. Un bataillon de Belleville déclarait à Flourens qu'il ne paraîtrait sur les champs de bataille que lorsque l'Église serait séparée de l'État. Mais ces choses-là se perdaient dans l'ensemble. La masse désirait la lutte ou l'anéantissement. Les folies de la Commune, les incendies qu'elle alluma dans les derniers jours, en sont la preuve irrécusable. Quand les pétroleuses brûlèrent l'Hôtel de Ville, les Tuileries, le ministère des Finances et quantité de maisons particulières, elles réalisèrent un rêve qui, depuis longtemps, obsédait beaucoup d'esprits.

Tout ce qui restait d'héroïsme en France se manifesta à Paris pendant les longues heures du siège. L'alcool, dont on peut dire que la population se nourrissait, entretenait la surexcitation. Ce n'est pas qu'il y eût beaucoup de gens ivres : il y en avait moins qu'en temps ordinaire ; mais, la nourriture se faisant de plus en plus mauvaise, on était obligé de demander des forces à la boisson. Vers la fin, on avait mangé des choses invraisemblables. Je me souviens de prétendues saucisses qui fondaient au feu et ne vous laissaient dans la main qu'une sorte de baudruche blanchâtre dont elles étaient enveloppées. Au début, un boucher de mon quartier avait acheté tous les animaux du Jardin d'Acclimatation. Nous dînâmes avec de l'éléphant, du rhinocéros, de la girafe, etc. L'arche de Noé passa, individu par individu, sur la table de mon père. Plus tard vinrent les chevaux d'omnibus, puis les chevaux de fiacre, puis les chiens, puis les rats et les souris. Le pain est resté légendaire. C'était une sorte de pâte noire qui devait être fabriquée avec du son et du bois.

***

On ne se plaignait pas. Il n'y avait qu'une chose qu'on ne pouvait supporter : c'était l'idée de la capitulation. Qu'on aurait pu faire de grandes choses avec ce peuple et qu'il eût été prudent de les entreprendre ! On eût évité la Commune. Mais Trochu n'était qu'un orateur parlementaire et les membres du Gouvernement, sauf Dorian et deux ou trois autres, manquaient de confiance et de foi. Ils auraient dû marcher à la tête des légions comme en 92. Ils étaient tous capables de le faire : ils en auraient eu le courage. Des préoccupations politiques les retenaient et aussi leur timidité naturelle. C'étaient des pacifistes et des rêveurs humanitaires. Et leur horreur du sang versé leur faisait préparer à leur insu la plus effroyable des guerres civiles.

Le peuple attendait toujours l'effort promis. Il était tenu dans cet état d'anxiété nerveuse qui précède les duels à mort. Le duel, malheureusement, n'avait jamais lieu. Cependant les théâtres jouaient quelquefois. Les bataillons donnaient des représentations au bénéfice de leurs blessés ou de leurs pauvres. Les voitures disparaissaient peu à peu, faute d'animaux pour les traîner. Sur le Cours-la-Reine, il y avait des charrettes venues à la suite de l'armée d'Alsace et de Lorraine. On n'allumait plus les becs de gaz ; on ne pouvait circuler le soir qu'avec une lanterne à la main. Jamais, néanmoins, Paris n'a été plus sûr. Les sergents de ville étaient aux remparts et, pendant tout le siège, il n'y a pas eu une rixe dans Paris.

∴

Il y eut des cas de folie subite en assez grand nombre.

J'avais un jour à déjeuner deux jeunes gens que je connaissais à peine. On se lie vite dans ces moments-là. Le repas avait été assez gai, lorsqu'au dessert l'un de mes convives, X, se prend le front dans les mains et demeure absorbé.

— Qu'avez-vous ? lui dis-je.

Il relève la tête, jette un regard au plafond et s'écrie :

— J'ai trouvé le moyen de sauver la France.

Nous le regardons, croyant à une plaisanterie. Mais lui se dresse de toute sa hauteur et, d'un air à la fois inspiré et menaçant :

— Il faut, dit-il, aller chercher Jeanne d'Arc !

Sur ces mots, il s'élance, prend une épée accrochée à une panoplie et se met à décrire des moulinets en l'air et à taper sur mes chaises en répétant d'une voix furieuse :

— Jeanne d'Arc ! Où es-tu, Jeanne d'Arc ?

Nous cherchons à l'arrêter; impossible. Il court dans l'appartement, ouvre les portes, fouille les armoires, bouscule les meubles. Enfin, nous lui affirmons que Jeanne d'Arc l'attend à la Préfecture de police, et que nous allons lui faire faire la connaissance de la Pucelle d'Orléans. Cette promesse le calme; on le fait monter en voiture et on le conduit au Dépôt.

Il a passé deux ans dans une maison de santé. Il a guéri. Il est aujourd'hui procureur de la République. C'est un très bon magistrat.

∴

Parmi les illuminés de cette époque, qui en vit beaucoup, il faut en première ligne compter Gustave Flourens. Il revenait de Crète où, pendant des années, il avait combattu à la tête des insurgés pour l'indépendance de l'île. Il devait mourir, à Rueil, d'une main française. C'était un type de chevalier errant comme j'en avais vu beaucoup en Sicile; il tenait le milieu entre Roland et Don Quichotte. Bref, une nature de héros. Peut-être tenait-il davantage de Don Quichotte que de Roland par la façon dont il envisageait le monde réel. Bien souvent, il lui est arrivé de prendre les moulins pour des géants et les coupeurs de bourses pour des victimes de la foi républicaine. Aucune nature n'était plus généreuse, plus noble, plus éloignée de croire au mal et en même temps plus intrépide. La seule chose qu'on pût lui reprocher, c'était un goût immodéré pour les grandeurs. Comme il devint vite très populaire et que le Gouvernement avait peur de lui, de son influence et de son audace, l'autorité militaire le décora d'un titre inconnu et mirifique qu'on supposait devoir satisfaire sa passion de la gloire; on le nomma « major de rempart ». Aussitôt après le 4 septembre, son premier soin avait été de mettre la main sur les écuries impériales. Comme nous étions très bien ensemble, de temps en temps il m'amenait un cheval de l'Empereur et nous allions faire un tour le long des fortifications. Quelles belles bêtes que ces chevaux de l'Empereur! On a fini par les manger, et ils étaient très bons.

Flourens commandait à Belleville. Ses bataillons lui donnaient du mal. Outre qu'ils n'étaient pas très disciplinés, ils étaient un peu trop préoccupés de politique intérieure. Le

31 octobre, il se mit à leur tête et envahit l'Hôtel de Ville. Souvent nous nous rencontrions chez Victor Hugo. Là, il tonnait contre le Gouvernement, qu'il accusait de faiblesse, non sans raison. On sentait qu'il aspirait à remplacer Trochu et qu'il avait la conviction que, si on le laissait faire, il chasserait les Prussiens. Je ne sais pas s'il avait de grandes capacités militaires, mais il est certain qu'il avait une foi, une volonté et une ardeur qui manquaient totalement à Trochu.

Son abord était assez froid, son attitude calme. Il disait aimablement des choses violentes. Avec cela, très bien élevé : un homme du monde. Don Quichotte, oui, Don Quichotte chez la duchesse. Tel il était chez Victor Hugo. Le sérieux de son visage, la clarté de ses yeux bleus, sa carrure d'épaules, l'abondance des galons qui couvraient son uniforme, lui donnaient tout à fait grand air. On ne pouvait s'empêcher de rire de lui et de l'admirer cependant.

RUE DES ROSIERS

Nous étions rassemblés quelques-uns, le 18 mars, dans la nuit, à la mairie de Montmartre. Tout le peuple était en armes sur la place et dans la rue, où il promenait les canons pris le matin à l'armée. Les soldats fraternisaient, presque tous ivres, avec les gardes nationaux. De temps en temps des cris de mort.

Nous étions mal vus de tout ce monde. Nous avions été menacés en arrivant; on nous traitait de traîtres, mot à la mode alors. Les hommes qui gardaient la mairie n'étaient pas très sûrs. On se sentait à la veille de grands événements.

Nous ne savions rien de ce qui s'était passé là-haut, sur la butte, dans la journée. Le bruit courait vaguement que le général Lecomte, fait prisonnier, avait été tué, que Clément Thomas était avec lui. Impossible de rien apprendre de certain. Ceux qui connaissaient l'affaire ou qui y avaient pris part, craignant les revanches futures du Gouvernement ou de la police, gardaient le secret. Les autres soupçonnaient sans rien affirmer.

L'incertitude nous parut insupportable. Je ne sais qui déclara qu'un de nous, au risque de ne pas revenir, devait monter là-haut et s'assurer de la vérité. Je m'offris, confiant, je ne sais pourquoi, dans une sorte de vague sympathie que je supposais pour moi dans la foule. Mais il me fallait un guide, non seulement pour me montrer le chemin à travers les ruelles non éclairées, mais encore, s'il y avait lieu, pour répondre de moi aux sentinelles et donner le mot de passe que nous ignorions. Justement, un garde qui descendait de la butte vint chercher quelque chose dans les bureaux, sans doute pour savoir ce qui se passait et ce que nous faisions là. On le fit entrer; on lui proposa de me conduire. Après un instant de réflexion et sans s'expliquer davantage :

— Je veux bien, dit-il, venez.

Nous voilà engagés dans des ruelles noires

et désertes, grimpant des escaliers de pierre, coupant dans des terrains vagues, sans rencontrer âme qui vive, accompagnés seulement par les rumeurs sourdes qui montaient, par bouffées, jusqu'à nous.

Tout à coup l'homme s'arrêta. Il était armé jusqu'aux dents, je n'avais que ma canne. Il mit la main sur son pistolet et se prit à réfléchir. Je lui demandai ce qu'il avait.

Il me répondit :

— Je vais vous montrer une chose terrible. Si pourtant vous me trahissiez, si vous me dénonciez plus tard ?

Je lui répondis à mon tour :

— D'après ce que vous me dites, je vois qu'on risque un peu sa vie en allant où nous allons. Si je reviens sain et sauf, c'est probablement à vous que je le devrai, car sûrement nous nous trouverons au milieu des meurtriers : je ne vous trahirai pas.

Il me dit :

— Votre parole d'homme, d'honnête homme et de républicain ?

Je lui dis :

— Je vous la donne.

Alors il se remit en marche sans ajouter rien.

Quand nous fûmes sur la crête, nous enfilâmes une ruelle plus étroite et plus noire que les autres, où l'on trébuchait à chaque pas sur de gros pavés à demi sortis de leurs alvéoles. Il s'arrêta devant une petite porte qu'il poussa, et nous nous trouvâmes dans une cour étroite, déserte, plongée dans l'ombre d'une maison toute noire et ayant seulement, au rez-de-chaussée, deux fenêtres vaguement éclairées. A droite, il y avait une pompe avec un gros robinet de plomb recourbé.

L'homme me dit très bas :

— Nous avons de la chance. Le bataillon qui doit relever la garde n'est pas arrivé et le bataillon qui a fait le coup avec les soldats est parti.

Je commençai à penser que le bataillon qui avait fait le coup avec les soldats, c'était le sien.

Nous traversâmes la petite cour, et l'homme poussa la porte de la maison. On y montait par un degré. Elle donnait dans un corridor central aboutissant à un jardin et sur lequel s'ouvraient quatre autres portes : à droite celle de la cuisine, à gauche celle de la salle à manger, plus loin celles de deux autres pièces qui regardaient le jardin.

Dans la cuisine, éclairée par une chandelle fichée au goulot d'une bouteille, deux soldats ivres-morts, accoudés sur la table pleine de taches, où traînaient, dans le vin répandu, des restes de viande. Sur l'évier, une femme vêtue en cantinière, débraillée, le corsage ouvert, les jambes presque nues, endormie comme les soldats. Le bruit de notre entrée ne réveilla personne.

Dans la salle à manger, par terre, un homme à moitié dévêtu qui ronflait.

Mon guide m'emmena dans le jardin : une allée droite au milieu de carrés de fleurs ou de légumes, aboutissant à une grille de fer par laquelle, à travers les barreaux, on apercevait Paris, dont la grande rumeur montait toujours. Il était environ minuit et demi.

Mon guide s'arrêta devant des plants de groseillers, à gauche de l'allée, vers le milieu du jardin.

— C'est là, dit-il, que Lecomte s'est débattu.

Les groseillers étaient écrasés, brisés. Dans l'obscurité on voyait la terre remuée et piétinée profondément. Il me sembla que les feuilles étaient humides. Puis l'homme me mena à gauche, vers le mur du jardin.

— Tâtez les trous des balles, dit-il.

Lecomte s'était défendu. Clément Thomas n'avait rien tenté pour résister. Contre le mur il y avait du sang.

— Maintenant, reprit l'homme, toujours tout bas, puisque vous avez voulu voir par vous-même, retournez jusqu'à la maison ; grimpez jusqu'à la hauteur de la fenêtre du rez-de-chaussée et regardez dans la chambre.

Je fis ce qu'il me disait, doucement, à petits pas, pour ne pas donner l'éveil. La fenêtre était basse ; je m'accrochai à la balustrade, je me hissai jusqu'à la vitre.

La pièce était nue. Par terre, il y avait une chandelle. De chaque côté de cette chandelle, un cadavre. Les deux généraux étaient là, couverts de grands manteaux ou de couvertures ; les têtes passaient. Au fond, une sentinelle veillait, appuyée sur son fusil.

J'avais vu ce que je voulais voir. Nous retraversâmes le corridor. Mais, juste au moment où nous arrivions dans la cour, un tumulte se fit ; la porte de la rue s'ouvrit ; le bataillon qui venait relever la garde commença d'entrer. Du coup je fus entouré, dévisagé, reconnu, violemment poussé contre le mur; j'eus vingt baïonnettes sur la poitrine, deux ou trois pointes de sabre sur le ventre. Mon homme se jeta entre les assaillants et moi.

Cela dura dix minutes au moins, l'homme repoussant les gardes, les gardes revenant à la charge. Et des injures et des menaces. On disait : « C'est un espion ! » Et toujours les baïonnettes furieuses qui me cherchaient. L'homme finit par triompher. Il parlementa avec un officier. Nous sortîmes sans être poursuivis.

Depuis, j'ai bien souvent revu l'homme. La répression versaillaise ne l'avait pas recherché. Dans toutes les réunions publiques où j'allais, je le trouvais au contrôle. Il clignait de l'œil et me serrait la main. J'avais tenu ma parole.

A VERSAILLES

Je me souviens du jour où, au commencement de la Commune, je fus arrêté et mis en prison. La veille, qui était un samedi, revenant avec Floquet et Clémenceau d'une réunion de la Ligue des Droits de Paris, j'avais dit tout à coup, en passant je ne sais quel pont et en regardant la rivière :

— Ah ! ma foi, demain, je m'en irai à la campagne !

Et, de fait, après cet horrible siège, après mon séjour à l'Assemblée de Bordeaux, après les affreuses journées de la révolte communaliste, les nuits passées à l'Hôtel de Ville, j'éprouvais un besoin irrésistible de respirer, de prendre l'air et de me trouver quelques instants seul. Justement un ami qui alors m'était très attaché habitait le petit village de Lozère, et des renseignements certains nous assuraient que de ce côté-là les troupes de Versailles n'avaient point paru. La route se trouvait libre, un de nos gardes venait de la parcourir et il n'avait rencontré personne.

On avait réorganisé à Paris, tant bien que mal, un service de voitures; je pris un fiacre découvert où je m'installai tranquillement en lisant le *Prince* de Machiavel. Pourquoi avais-je choisi ce livre plutôt qu'un autre? Je ne sais. On voyait au bout des branches des pousses vertes. Le ciel n'avait pas un nuage. Je sentais un repos profond. De-ci, de-là, le long de la route, apparaissaient des vestiges de la guerre: des maisons vides, des masures en ruine, des murs crénelés ou écroulés; mais le soleil jetait sur cette misère de la lumière et de la gaîté. Le printemps faisait oublier les désastres.

Arrivé à l'entrée de Bourg-la-Reine, je me trouvai nez à nez avec un hussard que je ne m'attendais pas à rencontrer à cet endroit. Très poliment, du reste, il fit arrêter ma voiture et me demanda mes papiers. Je n'en avais d'autres que le *Prince* de Machiavel, et ce n'était pas suffisant. Il fit appeler son capitaine, et le capitaine, malgré que je me fusse nommé et que je me fusse réclamé de mon titre de membre de l'Assemblée Nationale, me déclara qu'il se trouvait dans l'obligation de me conduire au général Charlemagne, commandant la division de cavalerie et dont le quartier général venait d'être installé tout auprès.

Cette formalité retardait ma promenade, mais elle n'avait rien, au fond, qui pût me déplaire. J'étais très mal avec la Commune et avec le Comité central, dont un membre m'avait dit, un soir : « Nous ne savons pas si vous sortirez vivant de l'Hôtel de Ville. » J'étais membre d'une assemblée souveraine qui n'avait pas encore reçu, par la faute de Schœlcher, la démission que j'avais voulu lui envoyer, conjointement avec Floquet. La Ligue des Droits de Paris, que j'avais fondée, traitait directement avec M. Thiers. Je me croyais inviolable, et une conversation avec le général Charlemagne ne devait avoir, dans ma pensée, aucune conséquence désagréable pour moi. J'ignorais dans quel état d'esprit était Versailles, ce que les journaux avaient raconté sur mon compte, de quelles légendes extraordinaires j'étais le sujet.

Charlemagne me reçut très bien, dans le cottage où il s'était établi avec tous ses officiers.

— Je ne puis cependant vous laisser partir, me dit-il, sans consulter Versailles. Le télégraphe fonctionne de ce côté-là. Dans une heure j'aurai une réponse. Causez donc avec ces messieurs en attendant.

Et il me quitta pour aller donner des ordres. J'étais tranquille comme Baptiste. J'avais la certitude qu'on allait me relâcher tout de suite. La seule chose qui me préoccupait, c'est que j'arriverais bien tard pour dîner. N'étais-je pas à l'abri de toute poursuite et de tout soupçon? N'étais-je pas protégé par la loi? Cependant la porte s'ouvrit et Charlemagne parut, très pâle et très froid.

— Monsieur, me dit-il, l'ordre m'arrive de vous arrêter et de vous faire conduire à Versailles. L'ordre ajoute que vous devrez être accompagné par deux de mes hommes. Toute tentative d'évasion serait punie de mort.

Là-dessus, il appelle deux hussards, il leur fait charger leurs revolvers devant moi et il leur ordonne de monter a mes côtés dans le fiacre.

Cela m'ennuyait énormément. D'abord, je devais renoncer à voir la personne à laquelle je comptais rendre visite; ensuite, j'étais privé de dîner et je ne savais comment rentrer à Paris. Je me consolai cependant, en pensant qu'il y avait une erreur, que c'était une bêtise administrative ou militaire qui m'envoyait où l'on ne devait pas me conduire, que tout s'éclaircirait et qu'on finirait par me faire des excuses. Les hussards n'en avaient pas moins le pistolet au poing; ils n'en avaient pas moins la ferme volonté d'exécuter leur consigne. Nous causions, d'ailleurs, sans aigreur et sans colère. La route était délicieuse à travers les bois qui verdissaient.

⁂

La nuit tombait quand nous arrivâmes à Versailles. Toujours persuadé qu'on me laisserait tranquille, j'avais obtenu de mes hussards qu'ils me conduiraient, avant de me mener en prison, à la Préfecture, où habitait M. Thiers, que je comptais voir et à la raison de qui j'en voulais appeler. La seule réponse que j'obtins d'un chef de cabinet quelconque — qui était-ce ? je n'en sais plus rien — fut qu'un commissaire de police allait venir me prendre pour m'interner, en attendant mieux, dans la maison centrale que possédait le département de Seine-et-Oise.

Je crois le voir encore, ce commissaire de police, raide, guindé, prétentieux, hautain : une sorte de Prudhomme administratif. En traversant une avenue, il s'arrêta, fit un grand geste et, me montrant la prison :

— Voilà, monsieur, me dit-il, ce que c'est que d'avoir transgressé les lois !

Et cet imbécile ne savait même pas de quoi j'étais accusé, ni d'ailleurs ceux qui lui avaient donné l'ordre de m'arrêter non plus.

L'arrivée fut plutôt morne. Le directeur de la prison vint lui-même m'écrouer. Après avoir vidé mes poches, il m'annonça que toutes ses cellules étaient occupées et que je devrais coucher dans le dortoir commun avec les voleurs et les assassins. Cette fois je me mis en colère; je lui annonçai que je ne coucherais pas là et qu'il ne viendrait à bout de moi que par la force. C'était trop. Il comprit, il céda. Mais il n'avait à sa disposition que la logette réservée aux fous ou aux condamnés à mort. Je n'hésitai pas et j'acceptai. C'était un petit cachot carré, sans fenêtre, sans jour de souffrance, qui ne prenait d'air que par un trou au plafond. On jeta sur les dalles un ignoble matelas, à peine plus épais qu'un cahier de papier, et on me boucla.

Dire que la nuit fut agréable, non ! Vers une heure du matin, la pluie se mit à tomber et, par le trou du plafond, elle m'inonda les jambes et les pieds. Sur les neuf heures, le lendemain, ma porte s'ouvrit et je vis paraître un jeune homme très élégant et très poli qui me fit une belle révérence.

— Monsieur, me dit-il, je suis le secrétaire de M. Ernest Picard, ministre de l'Intérieur, et je viens vousproposerceci. Revenez à l'Assemblée Nationale, à laquelle vous n'avez pas cessé d'appartenir; soyez-y bien tranquille et bien sage, et il ne vous sera rien fait. Sinon, c'est que vous serez coupable, et vous pourrez vous attendre à tout.

Je lui répondis :

— Monsieur, j'ai envoyé ma démission de membre de l'AssembléeNationale à son président. Si elle ne lui est pas parvenue, c'est par suite d'une erreur de M. Schœlcher. Je ne veux ni ne peux revenir sur ma décision. En outre, je ne saurais conclure aucun marché avec un gouvernement, quel qu'il soit.

Il me salua et sortit.

*
* *

La prison était pleine à déborder. Je ne sais pourquoi on avait versé à Versailles le contenu de toutes les prisons de la région. Il était impossible de m'y garder. Grâce, je crois, sans en être sûr, à l'intervention de Jules Simon, il fut décidé que je serais transféré et interné à l'hôpital. Mais, comme il y avait alternance entre les mesures de bienveillance et les mesures de rigueur, il fut convenu, en même temps, que je serais gardé à vue et mis au secret.

Quand j'y pense maintenant, cela me paraît absurde. Il n'y avait aucune charge contre moi. Mon seul crime, comme celui de mes amis, avait été d'essayer d'empêcher la plus terrible et la plus funeste des guerres civiles. Mais ce projet pacifique, patriotique et humanitaire, qui n'avait que le tort d'être naïf, nous avait fait des ennemis irréconciliables à Paris et à Versailles.

La cellule où l'on m'enferma se trouvait au rez-de-chaussée, sous la salle réservée aux varioleux. Une large fenêtre, barrée par une forte grille de fer, donnait sur une allée qui longeait le bâtiment principal. Dans le coin le plus obscur, on avait mis un lit de malade.

Je me serais trouvé bien en cet endroit si j'y avais été seul. Malheureusement, en même temps que moi, vinrent s'y installer deux agents de police dont l'un devait me surveiller pendant le jour et dont l'autre devait me surveiller pendant la nuit. Ils avaient ordre de ne jamais me parler et, si je leur parlais, de ne jamais me répondre. En revanche, ils notaient au crayon, sur leurs carnets, tout ce que je faisais, jusqu'à mes gestes et mes attitudes : « Le prisonnier donne des signes d'impatience. Il se lève. Il regarde par la fenêtre. Il s'étend sur son lit. » Le soir — et c'était vraiment là ce qu'il y avait de plus comique — ils frappaient les barres de fer de la fenêtre avec une clef pour s'assurer que je ne les avais pas sciées avec un ressort de montre, — ce que j'aurais été bien embarrassé de faire, puisque mes gardiens ne m'avaient pas quitté des yeux.

Cette surveillance m'amusa les premiers jours. A la longue, au bout d'un mois, elle me devint insupportable. Elle me causait un agacement affreux. Un jour, on entendit vaguement, au loin, de grands cris et de longues acclamations.

Mon gardien desserra les dents pour la première fois. Il dit d'un ton de triomphe et comme se parlant à lui-même :

— On promène dans les rues les canons que nous avons pris sur les communards.

La justice civile et la justice militaire se disputaient pendant ce temps l'honneur de me faire mon procès. Ma principale distraction consistait dans les interrogatoires qu'on me faisait subir de loin en loin. Il était évident, aux questions qu'on me posait, qu'on ne savait pas du tout de quoi j'étais coupable et de quoi l'on pouvait m'accuser. Le bruit n'en courait pas moins — et il m'arrivait par l'entremise d'un étudiant en médecine qui me glissait des petits papiers — que je serais condamné ou à l'exil ou à mort. On attendait le procès avec impatience. Pourquoi n'aurais-je pas été condamné à mort? On a fusillé à cette époque bien des gens aussi innocents que moi.

*
* *

Ce qui me donna à penser que ma situation était critique, c'est que, par l'étudiant en médecine, j'appris que Brisson viendrait à minuit me serrer la main. S'il voulait me serrer la main, n'était-ce pas parce qu'il me croyait en danger? En effet, à l'heure dite, très doucement, pendant que mon gardien dormait, j'ouvris la fenêtre et je tendis la main à travers les barreaux au dehors. Brisson, que l'étudiant avait caché là, la saisit. J'avoue que je fus pris d'une envie de rire. Il me sembla que nous répétions une scène de *Roméo et Juliette*. Mais Brisson était réellement ému. Il assistait tous les jours à des spectacles atroces : les prisonniers malmenés et insultés, les femmes du monde frappant ces malheureux avec le bout de leur ombrelle. Il voyait tous les jours augmenter jusqu'à la frénésie le délire sanguinaire des Versaillais. Et peut-on savoir jamais ce que, dans de pareils moments, on peut faire d'un homme suspect, que la justice accuse et que la police tient au secret?

*
* *

Une autre nuit, je fus réveillé par des cris et des sanglots qui éclataient auprès de moi. Celui de mes cerbères qui me gardait cette fois-là était marié. J'avais souvent remarqué sa femme, une très jolie créature, lorsqu'elle lui apportait à déjeuner. Pour lui, il était hideux : teint jaune citron, figure osseuse, yeux de chat, allure de bête féroce; un de ces hommes qu'on n'aimerait pas à rencontrer au coin d'un bois.

J'allumai ma bougie. C'était lui qui pleurait. Une rage folle le secouait dans son lit et faisait trembler la couverture ; ses doigts étaient crispés et, pour étouffer les hurlements qui lui échappaient, il s'était mis le coin d'un oreiller dans la bouche.

Je ne pus m'empêcher de lui demander ce qu'il avait et quelle douleur le mettait en cet état.

Il ne me répondit d'abord que par des rugissements, puis enfin il éclata.

— Vous voulez le savoir? Ah! Eh bien, entendez-vous, je suis jaloux de ma femme. Je couche ici une nuit sur deux. Qu'est-ce qu'elle fait pendant ce temps-là? Cette idée me torture, comprenez-vous? Où est-elle? Avec qui est-elle? Qui me dit que, demain, quand je le lui demanderai, elle ne me mentira pas? Je ne pense qu'à elle. Je rêve qu'elle me trompe. C'est horrible. Je la tuerai!

Et voilà un homme qui se dresse sur le lit,

les yeux hagards, la bouche contractée, les cheveux hérissés, qui tend le poing en l'air et qui se met à crier :

— Oui, oui, peut-être que maintenant, oui maintenant, elle me fait cocu !

C'était comique et tragique à la fois. Son visage, ses gestes étaient effrayants. Je n'ai jamais vu d'angoisse plus sincère et de douleur plus violente. A part moi je pensais qu'il pouvait bien avoir raison, car sa femme était jeune et charmante. Cependant je le calmai de mon mieux, avec ces banalités lénitives que les plus jaloux acceptent volontiers. Le reste de la nuit se passa en conversation sur les femmes. Le lendemain, nous étions très bons amis. Cela ne l'empêchait pas de me dire, de temps en temps (c'était sa phrase) :

— Si vous essayiez de vous sauvez, je vous mordrais les talons !

Par le canal de l'étudiant en médecine, du colonel Langlois et du fils de Jules Simon, j'avais pu faire donner de mes nouvelles à ma famille, qui d'abord m'avait cru mort. On avait réussi à me faire passer du linge et de l'argent. J'appris ainsi que la voiture qui m'avait amené de Paris, et que je n'avais pas payée, était toujours à la porte. Le cocher venait régulièrement, tous les matins, devant la prison, puis devant l'hôpital, et, si quelqu'un voulait prendre son fiacre, il répondait invariablement :

— J'attends mon client, impossible !

Je crois que j'ai été le premier prisonnier qui ait eu une voiture à l'heure. Il m'en a coûté très cher.

⁂

Les prisonniers de la Commune encombraient Versailles. On ne savait pas où les mettre. L'ordre vint de me transférer à la prison de Chartres. J'y fus conduit par mes deux agents dans un compartiment réservé. La prison de Chartres était spacieuse. J'y occupai l'infirmerie des femmes, grande salle située au rez-de-chaussée et donnant sur une petite cour. Ma situation devint tolérable. Le directeur me reçut très bien. J'eus la permission d'avoir un chien et même, dans la cour, des canards. C'était un paradis relatif. Sans doute on avait commencé à s'apercevoir que mon procès était difficile à faire et que les chefs d'accusation manquaient. Je restai à Chartres jusqu'au mois de juillet.

J'eus là une des plus terribles émotions de ma vie. C'était le matin, vers onze heures. Il faisait un temps d'été. La chaleur était si forte que la ville en paraissait accablée. On n'entendait pas un bruit, pas un roulement de voiture, pas un cri d'oiseau. J'étais dans la cour, réfugié à l'ombre mince d'un grand mur. Et tout à coup une voix formidable, qui descendait du haut de la cathédrale, éclata dans ce silence, et j'entendis qu'elle disait :

— Paris brûle ! Pompiers, à vos pompes ! Pompiers, rassemblez-vous. Paris brûle ! Paris brûle !

J'appris ainsi la fin de la Commune.

J'avais mon père et ma mère à Paris. Je voyais Paris en feu, et personne pour me dire ce qui se passait.

*
* *

Un soir, à minuit, ma porte s'ouvrit brusquement et le directeur de la prison entra, un papier à la main.

— Monsieur Lockroy, me dit-il, je reçois l'ordre de vous mettre dehors. Prenez vos habits, vos affaires, et partez.

— Mais, lui dis-je, et mon procès? Ai-je une ordonnance de non-lieu?

— Je n'en sais rien, me répondit-il, mais partez.

Je m'en allai sans en demander davantage. Je couchai à l'hôtel et, comme je n'avais plus d'argent, je partis à pied, le lendemain, suivi de mon chien, par une route délicieuse, ombragée de grands arbres, qui côtoyait des ruisseaux et qui traversait de jolis villages où personne ne semblait se souvenir de l'invasion, de la guerre civile et de la chute de l'Empire.

LA CONVENTION ET LA COMMUNE

Ce soir, en regardant des papiers de la Révolution, je pensais au Comité central de 1871. Les historiens n'ont pas compris la Révolution. Quand on les lit, on s'imagine un pouvoir régulier, succédant à un autre, obéi comme son prédécesseur, dont les ordres sont exécutés, dont les volontés sont respectées, qui fait ce qu'il veut et comme il le veut, dans la plénitude d'une autorité reconnue et irrésistible. Aussi parle-t-on de la dictature conventionnelle, de la tyrannie du Comité de salut public; aussi représente-t-on Robespierre, Danton, Marat, comme des triumvirs. Rien n'est plus faux. Cette façon de concevoir l'histoire de la Révolution est aussi ridicule qu'éloignée de la vérité. Elle rappelle les livres du siècle dernier.

où, racontant les aventures des Mérovingiens, les historiens parlaient du roi et de sa cour, du prince héritier du trône, des courtisans, de la belle ordonnance de l'armée, etc., et montraient dans Pharamond un souverain tout pareil à Louis XIV ou à Louis XV. La Convention a vécu dans le chaos, au milieu d'une explosion, au centre d'une émeute permanente, toujours attaquée, calomniée, désobéie, impuissante quand il fallait faire exécuter ses lois, forte seulement pour repousser l'étranger. L'autorité était aux Jacobins, à la Commune, dans les sections, plus encore que chez elle. Le plus audacieux ou le plus violent s'en emparait pendant quelques jours ou pendant quelques heures, puis elle passait à un autre. A tour de rôle, Santerre, Péthion, Marat, Hanriot, Chaumette, Hébert, Desmoulins, pour ne citer que les plus célèbres, sont rois de Paris. La souveraineté est quelquefois anonyme : c'est un bataillon ou un club qui l'exerce. Aucune force régulière et constituée ne fait respecter les décrets de l'assemblée. Le désarroi extraordinaire de la journée du 9 thermidor en est la preuve éclatante. Ce n'est point Billaud-Varennes, ou Collot d'Herbois, ou Bourdon de l'Oise, qui renversent

Robespierre; c'est un simple gendarme royaliste. Sans lui, la contre-révolution était écrasée. Il se présente au Comité de salut public et, comme il n'y a là ni officier ni troupe, on lui propose — c'est le grand Carnot — de devenir général. La dictature de Robespierre est une fable inepte, inventée par des misérables et admise par des imbéciles. Robespierre ne pouvait rien par lui-même. Il n'exerçait aucun pouvoir effectif. Il n'ordonnait rien et ne pouvait rien ordonner. La toute-puissance, si tant est qu'il ait exercé la toute-puissance, ne lui venait que du fanatisme de ses partisans et de la lâcheté de ses ennemis. Il a été dictateur comme l'a été Lamartine en 1848 ou Gambetta quand il présidait la Chambre. Un vote suffisait pour l'envoyer à l'échafaud. Ce sont les terroristes qui l'ont tué et qui l'ont accusé de la Terreur.

Les plus impuissants et les plus irresponsables des hommes, ce sont les ministres. Danton au pouvoir conserve son autorité de tribun. Comme membre du Gouvernement, il n'en a aucune. Je ne vois ni ce qu'il peut faire, ni ce qu'il peut empêcher à Paris. Aurait-il voulu arrêter les massacres de septembre, que cela lui aurait été impossible; impossible probablement aussi de les provoquer. L'histoire de la Révolution, c'est l'histoire d'une foule où personne n'est responsable et où tout le monde agit.

*
* *

Je n'ai compris la Révolution que pendant la guerre et la Commune, en 1870 et en 1871. Jusque-là les livres — même Michelet — ne m'avaient rien appris. La Commune était une Convention. Il n'a manqué à ses membres que le génie.

Elle a été, comme la Convention, toute-puissante et impuissante, respectée et désobéie. Elle a essayé de légiférer dans un chaos; elle a essayé la guerre; elle a ordonné des meurtres et, au fond, elle n'est responsable de rien. Quand le décret des otages a été rendu, elle ne voulait point fusiller les otages; quand la lutte s'est engagée, elle voulait la paix. Qui est responsable? La foule, tout le monde, personne: des gens obscurs qui entraînent des gens inconnus.

Quand je commandais le 66e bataillon du faubourg Saint-Antoine, j'avais pour porte-drapeau un tout petit homme jovial, grassouillet, rond, les yeux vifs, la peau luisante comme si elle avait été frottée d'huile, de gros sourcils épais, la moustache noire, dure et courte. Excellent ouvrier, bon, très tendre, à qui le récit de nos défaites mettait la larme à l'œil, connu pour sa probité dans tout le quartier. Le jour où Paris a été pris par les Versaillais, il a entraîné une bande à Arcueil, et c'est lui qui a fait fusiller les Dominicains. Il a été exécuté à Satory et est mort comme un héros.

J'ai été trois fois dans la nuit au Comité central, c'est-à-dire à l'Hôtel de Ville. Une fois, c'était pour sauver Chanzy qu'on venait d'arrêter et m'offrir à sa place en otage (il doit y avoir un mot de cela dans les enquêtes de l'Assemblée Nationale). Il m'a semblé voir — toujours avec le génie en moins — le Comité de salut public dans les jours d'émeute.

FIGURES

J'ai beaucoup connu Edgar Quinet à l'Assemblée Nationale. C'était un très bon vieillard, grand, droit, de belles manières. La tête était pleine de noblesse. Il était affable, doux, irréductible quant aux idées. Il n'admettait pas la politique de Gambetta, celle qu'on a appelée la politique des résultats. Il tenait aux principes. Les résultats ne le tentaient pas. Aussi fut-il opposé au vote des lois constitutionnelles. En faisant de la République un gouvernement légal, il craignait sans doute qu'on gâtât son idéal. Peut-être avait-il raison. Je me le demande aujourd'hui. Nous respections ses convictions, son caractère. Nous aimions sa personne. Nous ne pouvions guère imiter son intransigeance. Fallait-il livrer la France à Mac-Mahon et aux partis royalistes qui, après s'être ralliés en masse à l'Empire libéral, nous avaient conduits à Sedan ? Refuser la République, c'était leur redonner le pays. Cependant l'opposition de Quinet à Gambette fut très modérée et très discrète. Il aimait l'homme. C'est avec Louis Blanc que la lutte devint âpre.

Je me souviens qu'un jour Quinet me prit à part pour me demander, avec toutes sortes d'amabilités dont j'étais très touché de sa part, si le *Rappel* ne pourrait pas par hasard dire un mot d'un volume qu'il venait de publier.

Je lui répondis que c'était un devoir pour nous d'en parler.

Il me répliqua qu'il ne tenait pas à l'éloge, qu'il voulait être jugé impartialement, qu'il était soumis comme tout le monde à la critique et qu'il sollicitait seulement une mention.

Je lui répliquai, à mon tour, que lorsqu'il s'agissait d'un homme comme lui, la critique — au moins la critique républicaine — perdait ses droits, que nous savions à l'avance — ce qui était vrai — que tout ce qui sortait de sa plume ne pouvait être qu'élevé, utile, parfait de forme et profond de pensée, que nous ne pouvions que nous montrer admiratifs. Alors, tirant un papier de sa poche et me le tendant :

— Eh ! bien, s'il en est ainsi, me dit-il, voilà l'article.

*
* *

Louis Blanc était si petit que le bord de la tribune lui arrivait au-dessous du menton. Quand il devait parler, on lui apportait un tabouret. Il avait la figure la plus énergique que j'aie vue et le caractère le plus doux. Son amour de la popularité était incommensurable, et il croyait qu'on ne pouvait être populaire qu'en étant plus avancé que tout le monde. Par le tempérament et par le style, il se rapprochait du centre gauche et de l'Académie. Ces contrastes étaient frappants. Au fond, le plus honnête homme du monde, le plus droit et le plus probe. Mais on sentait le Corse en lui. Il se laissait dominer par des haines terribles. Ces haines s'alliaient à une grande douceur de caractère et à une grande bonté. Il avait passé sa vie à faire des coups d'audace, et rien n'égalait sa prudence. Je n'ai jamais rencontré d'homme aussi antinomique. En résumé, très respectable, quelquefois très admirable.

*
* *

Aujourd'hui, on vise surtout à prendre le pouvoir ou à gagner de l'argent. Les hommes du temps de Louis Blanc songeaient à devenir des « figures ». Ils proclamaient un certain nombre de principes, et la préoccupation de toute leur vie était d'y rester fidèles malgré tout, envers et contre tout. L'unité dans l'existence, c'était l'idéal. Le reste ne comptait pas. Ils se refusaient à admettre que le temps, les événements, les catastrophes imprévues pussent changer un iota à leurs opinions. Bien souvent, dans les discussions du « groupe », Louis Blanc commençait ainsi : « En 1835 ou 1840, j'ai dit ceci :... » Et il récitait, sans se tromper d'une virgule, son discours ou son article d'alors. Puis il terminait en déclarant qu'ayant ainsi pensé une fois, il lui devenait impossible de penser autrement.

Schœlcher, le libérateur des nègres, un des combattants du 2 décembre, l'ami de Victor Hugo, le philanthrope athée, l'âme la plus héroïque du parti républicain, le meilleur et le plus tendre des hommes, dont l'esprit n'a jamais cherché à s'étendre, mais a poussé tout en hauteur, était de même; beaucoup d'autres encore, moins illustres ou moins connus, mais qui, eux aussi, étaient des « figures ».

Cette préoccupation se trahissait jusque dans le costume. La plupart de ces messieurs s'habillaient toujours de même, depuis leur jeunesse, quels que fussent les changements et les caprices de la mode. Ils se taillaient les cheveux et la barbe ou se rasaient toujours de la même façon. Schœlcher, jusqu'à sa mort, s'habilla comme en 1820 ou 1822 : large pantalon à la houzarde, longue redingote plissée comme un jupon de femme, bottes vernies, canne noire à pomme d'argent. Floquet qui, quoique plus jeune, appartenait à cette école, avait des chapeaux à bords énormes et des gilets à revers immenses. Certains hommes de lettres avaient eu cette même coquetterie. Paul Meurice portait encore à la fin de sa vie le même costume de séminariste que je lui ai vu en 1868.

EN ESPAGNE

Je me souviens d'une soirée à Barcelone — où nous sommes restés enfermés huit jours. — C'était au temps du *pronunciamiento* de Prim ou d'un autre. Tout un quartier était insurgé et plein de barricades. Cependant on ne se battait pas encore. Une batterie était établie au haut de la *calle della Libertad*. La *Rambla* était déserte le soir. En face des fenêtres de l'hôtel, une sentinelle avancée se promenait entre les arbres, un soldat. Tout à coup, un homme sortit brusquement de l'ombre et lui donna un coup de couteau dans le flanc. Le soldat tomba en poussant un cri.

A ce cri, les autres soldats accoururent pêle-mêle; en un instant la *Rambla* se remplit de leur foule. Ils se montraient le cadavre. Ils parlaient, grondaient et juraient tout bas. Puis d'un même élan, en masse, poussant un hurlement furieux, ils se ruèrent dans le quartier insurgé. La *Rambla* redevint déserte. On entendait seulement, derrière l'hôtel, le bruit des barricades prises d'assaut, les vociférations, les coups de fusil. Cela dura un quart d'heure.

Le lendemain, c'était jour de marché aux légumes et aux fleurs. Les marchandes arrangeaient leurs étalages sur les barricades démolies. Les femmes venaient faire leurs emplettes. On avait poussé les cadavres dans les coins.

C'est jour de fête à Madrid. Dans toutes les rues, toutes les avenues, tous les boulevards, dans les immenses voies qui aboutissent au Prado, dans les ruelles obscures où le soleil ne descend jamais, la foule passe. On dirait un grand fleuve noir ; de loin, on croit voir des vagues qui se pressent et qui se heurtent.

Au milieu, des omnibus émergent, les uns jaunes, les autres vert pâle ; ils ressemblent à des bateaux cahotés par la tempête. On voit des malheureux, entassés sur les impériales comme sur le radeau de la *Méduse*, s'étouffant les uns les autres, faisant des gestes de détresse et prêts à s'entre-dévorer. Çà et là galopent des cavaliers dont les chevaux se perdent dans la profondeur de la cohue et qui paraissent entraînés par le courant. La ville entière est dehors. C'est le jour où l'on abandonne ses affaires, sa famille, sa maison : l'affiche de la *Plaza de Pardo* annonce un combat.

La foule est grave, émue, impatiente. Les voitures passent au travers à fond de train, tirées par des mules aussi galonnées que des généraux. Le cocher fouette à tour de bras, et l'attelage décharné galope comme les chevaux-fantômes de la ballade de Lénore : Hurrah ! les morts vont vite ! Les harnais de laine rouge ou bleue, avec des pompons et des glands et des sonnettes, cachent des squelettes de quadrupèdes, à peine couverts d'un cuir dépourvu de poils, et plus luisants que le cylindre d'un vieux chapeau. Sur les voitures sont peints des paysages extravagants : cascades de Suisse, mosquées d'Égypte, cathédrales italiennes, pagodes chinoises.

Par les portières on voit passer les bras, les jambes, les pieds, les genoux des voyageurs empilés dans l'intérieur du coffre, sans distinction de sexe; sur les marchepieds, des enfants sont accrochés on ne sait comment, et les conducteurs ont deux ou trois hommes sur les épaules. La forme de ces omnibus varie à l'infini. Il y a l'omnibus ordinaire, l'omnibus du chemin de fer, le coucou, la carriole à deux roues, la diligence, la vieille malle-poste, le landau et la calèche. Tout ce que les remises de Madrid contiennent de véhicules est là : véhicules du siècle dernier et véhicules modernes; tout ce qui reste de la grande armée des voitures, vaincue, il y a vingt-cinq ans, par le chemin de fer.

On reconnaît les carrosses du peuple. A côté, il y a les carrosses de l'aristocratie, car l'aristocratie est de la fête. Un fabricant de Paris les a vendus. A Madrid on ne fabrique rien; l'importation fournit tout, jusqu'au *mail-coach.* Ce sont des voitures comme on en voit autour du lac : à l'intérieur, de belles dames coiffées de mantilles et ayant des châles brodés du Japon sur les épaules, des messieurs avec des camélias à la boutonnière, et des enfants qui ont des pompons et des sonnettes comme les mules et comme les hommes d'État.

Les passants se ressemblent. Hommes bruns, avec de petites moustaches noires, couverts de grands manteaux sombres dont la doublure, ordinairement rouge et bleue, s'étale sur l'épaule et retombe dans le dos. Çà et là, des paysans vêtus de bure, avec la veste, la culotte et les guêtres. Les femmes habillées de cotonnades anglaises, châles écossais à grands carreaux, jupons jaunes en laine, comme dans la province de Valence. Toutes ont la mantille sur la tête. C'est la coiffure nationale. On la sort le dimanche et les jours de fête. Or, c'est un jour de fête que celui où l'on tue solennellement un taureau, deux douzaines de chevaux et, de temps en temps, un toréador.

*
* *

Tout à coup, les gendarmes arrivent au galop, sabre au poing. La foule bousculée se rejette sur les trottoirs. Un cri s'élève : c'est le roi ! Et l'on entend dans le lointain, résonnant sur le macadam sec, le galop d'un demi-escadron. Un officier en tricorne, l'épée nue, sur un cheval blanc, passe d'abord. Puis, une minute après, paraît une calèche à la Daumont, tirée par quatre chevaux alezans que montent des jockeys ridicules : culottes de peau, vestes trop courtes, casquettes à demi cachées par d'énormes glands d'or. Les chevaux ont bonne tournure; ils secouent comme de vieux linges les hommes gênés par leur livrée trop étroite. La foule s'arrête, regarde, et salue sans enthousiasme. Quelques jeunes femmes se haussent sur la pointe du pied pour apercevoir Alphonse XII.

Alors, au fond de la calèche, à droite, à demi caché par une grande dame blonde et pâle qui le regarde avec tendresse et presque avec effroi, apparaît un petit jeune homme délicat et grêle, à l'œil terne, à la poitrine étroite, à l'aspect étriqué et malheureux, qui salue vaguement en regardant le ciel. Ses cheveux, de couleur indécise, ont été collés à ses tempes par un coiffeur ingénieux; ses lèvres décolorées s'entr'ouvrent pour laisser passer une parole que la langue et le gosier n'ont pas la force de pousser dehors; son nez est fin, ses joues blanches et creuses; ses bras ont à peine l'énergie du geste. Il est encore enfant, et il semble déjà spectre. Il a tout juste la consistance de ces fantômes couronnés qui apparaissent à Richard III.

La grande dame blonde est sa sœur. Elle

l'aime comme une mère et ne le quitte jamais. Cette affection se révèle par son attitude. On dirait qu'elle craint pour le roi le souffle du vent.

Sur la banquette qui leur fait face sont assis des gens chamarrés : on aperçoit de grosses moustaches, de grosses passementeries, de gros galons, beaucoup de petites machines en fer blanc, et rien de plus. La voiture roule dans un tourbillon de poussière, et toute cette monarchie à quatres roues passe comme un rêve. Cela va aux courses de taureaux.

Le jeune roi maladif et frêle est « affectionné », comme on dit dans le pays. On assure qu'il ne manque pas une *corrida*. Tous les dimanches, il est dans sa loge au cirque. Les émotions de la lutte l'excitent. La vue du combat fait monter un peu de sang à ses joues si pâles d'ordinaire. Puis, le taureau, c'est le grand plaisir de tout le monde, des princes comme des gens du peuple. Si le roi n'aimait pas les courses, dit-on dans la ville, il ne serait pas Espagnol.

*
* *

La chose commence. Les gradins du cirque sont couverts d'une foule si compacte qu'une aiguille ne tomberait pas par terre. Les femmes avec des fleurs sur la tête, les petits enfants sont là. On entend une fanfare. La *cuadrilla* fait son entrée : c'est un papillotement d'or et d'argent au soleil. Puis la porte du *toril* s'ouvre. Une grosse bête noire effarée se précipite dans l'arène.

Les picadors attaquent ; la bête frappe la terre du pied ; elle beugle. Elle se défend. Le sang coule. Un groupe convulsif va d'un bout à l'autre du cirque ; on y distingue, entremêlés, des capes de soie, des chevaux qui hennissent, des hommes qui fuient, des pointes de lance sanglantes, une sorte de monstre furieux qui frappe à tort et à travers devant lui. Un cheval se retire tout à coup, la tête basse, les jambes chancelantes. De son ventre ouvert les intestins rougeâtres et jaunes descendent lentement vers le sol. Il s'appuie contre la barrière et glisse dans le sable. Une fois encore il lève la tête. Tout son corps tremble, puis devient immobile. Il est mort.

Un autre cheval a reçu le coup de corne en pleine poitrine. Une grosse source rouge jaillit entre ses jambes de devant. Il dresse vers le ciel sa pauvre tête hagarde. Ses naseaux se dilatent; sa bouche s'entr'ouvre sans avoir la force de pousser un hennissement; sa prunelle se ternit peu à peu. Il tâche de respirer encore et de faire rentrer en lui la vie qui s'en va. Mais, à chaque aspiration, il semble que l'air chasse le sang de sa poitrine ouverte avec plus de force. Ses reins ploient comme s'ils allaient se casser, et son ventre touche presque la terre. Il se tord dans une convulsion lente, comme un sarment dans le feu. Tout à coup, il tombe raide. Ses quatre jambes se dressent furieusement; elles ont des mouvements désordonnés; puis elles se replient doucement contre le corps. La bête roule sur le côté. C'est fini.

On relève les picadors; on amène d'autres chevaux; on prépare de nouvelles lances; la corrida continue, et, de tous ces gradins bondés de monde, des acclamations de joie enthousiaste s'élèvent. Le public crie : bravo ! au taureau, bravo ! aux toreros, bravo ! aux chevaux qui meurent. Les femmes jettent leur éventail dans l'arène, les hommes jettent leur chapeau, les petits battent des mains. Et, cependant, l'étranger qui assiste à ce spectacle se détourne saisi d'horreur. Ses yeux se dirigent involontairement vers la loge royale. Et, sur le velours rouge qui la borde, il aperçoit les deux mains frêles du jeune roi qui applaudit.

Seconde course, second éventrement. Cette fois, ce n'est plus un cheval qui est en danger, c'est un homme. Le héros de la fête, l'*espada* le plus aimé du public madrilène, le Capoul de cet abattoir se nomme Frascuelo. Frascuelo veut défier le taureau. Il lui présente sa cape rouge. Le taureau fond sur lui et l'atteint. Frascuelo est suspendu un instant sur les cornes qui lui entrent peu à peu dans la chair. Il est roide comme une planche et semble un mannequin. Le taureau l'envoie, sanglant, à cinq pas devant lui. Alors, ce mourant a un mouvement superbe : il se lève, il se tourne vers la loge royale, il salue le roi et il tombe inanimé. *Ave, Cæsar, moriturus te salutat !*

*
* *

Oh ! alors, l'étranger qui assiste à la course se sent pris d'une douleur profonde. Une grave et haute colère s'empare de lui. Il se dit : Voilà là-bas, dans cette loge, un jeune homme que la destinée a fait le tuteur d'une nation, qui a pour devoir et pour mission de lui apprendre le progrès, la civilisation et l'humanité, qui doit lui donner l'horreur du sang, qui devrait la tirer de la barbarie, et, depuis qu'il est sur le trône, ce jeune homme n'a pas dicté à ses ministres une loi qui défende cette boucherie officielle et nationale. Ce roi est à peine majeur, il est délicat et mince comme une jeune fille, il ne semble tenir à la vie et au trône que par un fil, et il vient, lui, prince fragile, homme plus fragile peut-être, assister à cet égorgement ! Il ne comprend donc pas le sens de ce qui se passe devant lui ? Il ne rentre donc pas en lui-même ? Il ne songe donc pas à son tour qu'homme et souverain, c'est-à-dire deux fois faible, il devra lutter toute sa vie contre deux adversaires tout-puissants et implacables : souverain, contre la révolution, homme, contre la mort. Et il reste tranquillement dans cet abattoir !

Puis la pensée vient à l'étranger qu'à l'autre extrémité de l'Europe, on prépare encore une autre arène où plus de sang doit couler que dans celle-ci. Ce sera une arène immense où les *espadas* seront des généraux, où les toréadors seront des soldats, où les taureaux seront des peuples. Là, il ne suffira pas de l'agonie d'un cheval ou de la blessure d'un écuyer de cirque ; ce seront des milliers de chevaux et des milliers d'hommes qui tomberont et qui se tordront en rendant le dernier souffle. Ce ne seront plus des filets de sang que le sable boit et qui l'humectent à peine ; ce seront des torrents de sang qui se mêleront aux fleuves et qui s'en iront rougir les mers. Ce ne sera plus une misérable bête qui luttera contre des bouchers ; ce sera une nation à qui l'on enfoncera des banderilles d'acier dans les chairs, qu'on déchirera à coups de lance et dont les forces s'en iront peu à peu, par toutes les portes que leur ouvriront ses blessures. Ce ne sera plus une course de taureaux, hélas ! Ce sera une guerre.

Et là encore, comme ici, il y aura des souverains qui assisteront de loin à la lutte, qui applaudiront aux coups, qui de loin dirigeront la *cuadrilla*, qui crieront : bravo ! à la chute de la victime... L'étranger songe à tout cela, et alors il se tourne encore vers la loge royale, et involontairement il se sent pris d'une sympathie profonde pour S. M. Alphonse XII, qui se contente, toutes les semaines, d'un matador et d'un bœuf.

JOURNÉE A LA CAMPAGNE

Journée à la campagne. Je suis retourné à Port-Royal avec ma femme, puis à Dampierre et à Senlisse. J'avais habité Senlisse, tout jeune, avec mon pauvre père et ma mère, Victor Giraud et mon oncle Jullien. Nous logions tous dans une petite auberge, tenue par Mme Desclefs : *Au rendez-vous des Artistes*. Il y avait là le célèbre paysagiste Lambinet. J'ai retrouvé l'auberge, toujours la même après plus de trente ans. Mme Desclefs m'a reconnu. J'ai pris mon verre de vin de muscat à la table où nous dînions en famille. Rien n'était changé que l'hôtesse et moi.

Elle était devenue très vieille. Elle n'avait plus de dents et presque plus de cheveux. Sans doute elle me trouvait aussi méconnaissable.

Nous nous regardions avec le regret de la vie écoulée. Mais tandis que je courais le monde et que la politique m'absorbait, elle était restée là, faisant tous les jours la même besogne, s'épuisant au même travail, dans le même village, dans la même maison, dans les mêmes chambres. Et nous en étions arrivés au même point. J'ai eu terriblement le sentiment de la mort.

Un rayon de soleil est venu frapper le mur. Et je me disais :

— Pendant que j'étais en Égypte, en Syrie, en Sicile avec Garibaldi, en Palestine avec Renan, pendant les dures années où je commençai à gagner mon pain, pendant mes prisons, pendant la guerre et le siège, pendant que j'étais député ou ministre, ce rayon de soleil est venu sur ce mur. Et quand je n'y serai plus, il y viendra encore; et quand la maison sera détruite, il viendra sur les ruines; et quand les ruines même auront disparu, il continuera de venir.

ÇA ET LA

J'étais un matin dans mon cabinet, au ministère du Commerce, quand Gounod se fit annoncer.

Il entre, les yeux au ciel, la figure contractée, le chapeau à la main, que fébrilement il secoue.

— Mon cher ministre, me dit-il d'une voix entrecoupée, je viens vous voir pour une affaire grave, d'une extrême gravité..., qui me tient au cœur... La pensée de vous en entretenir m'a agité toute la nuit... Je ne pouvais dormir... Enfin j'ai pris Platon dans ma bibliothèque... Quel philosophe ! Je l'ai lu jusqu'au matin. C'est un calmant, une joie !... Vous croyez, n'est-ce pas, à l'immortalité de l'âme ? Qui n'y croirait pas ? Non, l'âme ne peut pas périr ! Que le corps se dissolve, qu'il tombe en poussière, qu'importe ? Mais l'âme !...

Et le voilà qui part sur ce thème, qui aligne les raisonnements, qui enfile les mots, qui se grise de sa parole et qui me fait un discours, très éloquent, qui dure une heure. Au bout de ce temps, et quand je le vois épuisé, je lui demande :.

— Et votre affaire ?

Alors, le voilà qui se lève et qui se frappe le front, les yeux de plus en plus au ciel.

— Ah ! c'est vrai, me dit-il. Eh bien, je ne sais plus au juste ce que je voulais vous dire. Nous avons agité des questions si sérieuses ! J'y repenserai et je reviendrai vous en entretenir.

Là-dessus, il me serre la main et il s'en va.

*
* *

Vers 1864 ou 1865, je dînais une fois par semaine avec Guillaumet, le peintre, et Félicien David, chez une dame qui avait été et qui peut-être était encore la maîtresse de ce grand poète du *Désert*.

Voici la seule et unique conversation de Félicien David pendant le dîner et pendant la soirée qui suivait :

— Ma chère amie, la sauce n'est pas assez liée aujourd'hui ; j'y voudrais un peu plus de beurre. En revanche, le poulet était beaucoup mieux rôti que la dernière fois. Il faut tourner la broche lentement, en ayant soin que toutes les parties de l'animal soient également — notez ce point — également exposées au feu. Mais la cuisinière n'arrose pas assez avec le jus. Il faut arroser, arroser beaucoup, dites-le lui. On croit que c'est simple de faire rôtir un poulet ! Eh bien, rien n'est plus délicat. J'en dirai autant des haricots verts. A-t-elle oublié mes conseils pour les haricots ? Je vous prierai de l'en faire souvenir. C'est encore un problème difficile à résoudre. Tout le monde croit pouvoir faire cuire des haricots verts...

Je ne lui ai jamais entendu dire que des choses de ce genre. Sa voix était grave, lente, onctueuse et douce. Il parlait cuisine sur le ton d'un prêtre qui récite le *Pater noster*. Quand il prononçait le mot « sauce », sa figure prenait une expression mystique. Ses yeux cherchaient l'infini. On dînait et on se serait cru à la messe.

*
* *

Je demandais un jour à Catulle Mendès des détails sur Wagner, qu'il a beaucoup connu.

Entre autres choses, je lui disais qu'on racontait beaucoup que Wagner avait l'habitude de se costumer chez lui de la façon la plus ridicule, tantôt en page, tantôt en seigneur du temps de Louis XV, tantôt en prêtre, tantôt en femme.

Mendès me dit :

— Non, ce sont des calomnies odieuses. Il s'habille comme tout le monde. Une seule fois, je l'ai surpris dans une tenue qui, évidemment, n'est pas commune, mais qui enfin n'était pas faite pour me choquer : il avait une redingote de damas jaune.

∴

Pourquoi est-ce que je me souviens, ce soir, de ces musiciens dont quelques-uns, et peut-être tous, ont eu du génie ? Pourquoi rêve-t-on tantôt à ceci, tantôt à cela ? La mémoire a des indépendances curieuses : elle s'occupe parfois de choses dont on ne s'occupe pas. Quant aux musiciens, ils vivent uniquement de sentiments et de sensations. Ils sont en dehors de la pensée.

Pendant la première partie de ma vie, Rossini était un homme de génie, Donizetti aussi, et aussi Meyerbeer. Aujourd'hui Rossini n'est plus qu'un improvisateur assez vulgaire. Donizetti est un misérable qui n'a jamais rien compris à la musique, et Meyerbeer n'a fait que du « commerce ». Le public que j'ai connu dans ma jeunesse était-il composé d'imbéciles ou le public d'aujourd'hui est-il composé de niais? Je n'en sais rien. Mais qui oserait avoir une opinion sur l'art musical, après cela ?

⁂

Quand Henri de Bornier lut son *Mahomet* à la Comédie-Française, j'étais à l'Instruction publique et Goblet aux Affaires étrangères. Après cette lecture et à la suite d'une analyse préalable publiée par le *Times*, Goblet m'écrivit une longue lettre officielle pour me dire que l'ambassade de Turquie se plaignait du rôle — ridicul, disait-elle — que jouait le Prophète dans la pièce. Il me demandait d'obtenir de l'auteur quelques changements et quelques atténuations.

Cette idée de la Turquie réclamant diplomatiquement au sujet d'une œuvre littéraire me donna une envie de rire extraordinaire.

Je répondis à Goblet : « J'ai obtenu que

Mahomet ne serait cocu qu'au quatrième acte. »

Je ne sais si Goblet transmit ma réponse mais la Turquie se tint tranquille.

∴

Chartran, le peintre, faisait le portrait du Pape, il y a quelque temps. A ce propos, il raconte une anecdote bien italienne.

Au cours d'une séance, on vient avertir Léon XIII que des pèlerins sont en bas qui lui apportent de l'argent et demandent à le voir. Il descend et Chartran le suit. En remontant pour continuer le portrait, Chartran ne put s'empêcher de dire au Pape :

— Votre Sainteté a été admirable; son geste pour bénir cette foule était superbe. J'aurais voulu vous peindre ainsi, les deux bras étendus, la tête levée, les yeux au ciel !

Pour toute réponse, le Pape se met en face d'une grande glace qui ornait la pièce, il étend les bras comme s'il bénissait, il lève la tête, il fixe le plafond des yeux, puis d'une voix douce :

— Oui, ze souis pas mal ainsi !

*
* *

Chartran eut une autre occasion de s'enthousiasmer. Il vit le Pape sur la *Sedia gestatoria*, promené par quatre hommes autour de Saint-Pierre.

— Ah ! dit-il le lendemain à Léon XIII, quel spectacle merveilleux nous a donné Votre Sainteté ! On la sentait émue profondément du grand acte qu'Elle accomplissait ! Le visage de Votre Sainteté était livide, aussi blanc que sa robe blanche. Cette pâleur était d'un effet grandiose. Elle exprimait tout ce qui se passait dans l'esprit de Votre Sainteté et dans son cœur.

Le Pape répondit :

— Quand on mou promène comme ça, ça mou donne le mal de mer. Z'ai envie de vomir. Alors, ze deviens très pâle.

*
* *

L'autre soir, aux Affaires étrangères, j'ai rencontré lord Dufferin. Il y a longtemps que nous nous connaissons. Je l'ai vu pour la première fois dans le Liban, à Amschit, où il était venu rendre visite à Renan. Il arrivait du Pôle

Nord, et ce voyage lui avait ouvert la carrière diplomatique.

Se trouvant un jour à Windsor, la reine Victoria dit devant lui que je ne sais quelle femme de la Cour avait une magnifique descente de lit de peau d'ours blanc et qu'elle en voudrait une semblable. Lord Dufferin aussitôt demanda la permission d'offrir à la reine une peau d'ours blanc et, la permission lui ayant été accordée, il fréta un bateau et s'en alla à la chasse dans les glaces du Pôle Nord.

Fit-il bonne chasse ? Rencontra-t-il un marchand de fourrures ? Je ne sais. Mais il rapporta un ours blanc et il fut, après cela, envoyé en Syrie où se réglait la question d'Orient. C'était alors un beau garçon vigoureux, distingué, froid, qu'on savait pauvre, mais qui passait pour intelligent et plein d'avenir.

Maintenant, il est à Paris. On le voit le matin, dans les Champs-Élysées, monté sur une petite bicyclette, avec un chapeau mou, une veste étriquée et des houseaux aux jambes ; on le prendrait pour un professionnel.

L'autre soir, il était très correct, en tenue de ville, comme il convient à un diplomate qui travaille de son état, car il venait voir le ministre au sujet de la question d'Afrique. Quand il m'aperçut, il tourna subitement le dos à Révoil, le chef de cabinet, vint à moi, me tira dans un coin et, s'asseyant à califourchon sur une chaise :

— Cher monsieur Lockroy, me dit-il, expliquez-moi donc l'élection de Brisson à la présidence de la Chambre ? Comment une Chambre peut-elle élire pour son président un membre de la minorité ? Qu'est-ce que ça veut dire ? Je n'ai rien compris.

J'essayai de lui donner des explications claires et, aussitôt, il tira un petit calepin de sa poche et il se mit à noter ce que je lui disais. Quand j'eus fini, il se prit la tête, regarda le plafond, ferma son calepin, puis me dit :

— Merci. J'ai compris. Maintenant, pourquoi a-t-on élu Félix Faure président de la République ?

Cette fois, je lui répondis :

— Excellence, cette nomination est le résultat d'une combinaison si profonde qu'il faut un diplomate de profession pour vous l'expliquer. Adressez-vous à Révoil.

Puis nous parlâmes du Liban, d'Amschit, de M. Renan et du temps passé.

M. DE BÜLOW

Il vient de m'arriver, à Baden-Baden, une aventure assez bizarre. Un journaliste de la *Neue freie Presse* vient me trouver pour me demander un interview. En causant, il me dit que le prince de Bülow, chancelier de l'Empire, habite l'hôtel d'à côté, qu'il se souvient de m'avoir facilité l'entrée des arsenaux allemands, alors qu'il était le secrétaire de Hohenlohe, qu'il lui a parlé de moi...

C'était une indication d'envoyer une carte. Je l'envoyai, et je partis immédiatement pour Triberg, à une heure et demie de là, dans la Forêt Noire. Le lendemain, j'y trouvai une invitation à dîner chez le chancelier pour le samedi suivant. La curiosité me porta à accepter.

La situation était d'autant plus délicate que

nous étions en 1905, aux prises avec l'Allemagne à propos du Maroc, et que, tout dernièrement encore, on croyait à la guerre. Après avoir accepté, j'eus des remords ou du moins des inquiétudes. Qu'allait-on me dire ? Avait-on l'intention de me dire quelque chose ? Après avoir bien réfléchi — c'était un peu tard — je conclus à l'absolue réserve et, au besoin, au mutisme.

J'ai été admirablement reçu. La princesse est fille d'un prince italien et belle-fille de Minghetti. Sa mère, Mme Minghetti, est là, vieille femme encore merveilleusement belle, droite, bien faite, gaie et pleine d'intelligence et d'esprit. C'est elle, je crois, qui, en raison de mes relations avec l'Italie, a désiré me voir et a poussé Bülow à m'inviter. Sa fille est restée d'allure, de figure, de tenue et de langage, profondément italienne. Elle s'occupe d'art, et, quand elle parle de « l'art », ses yeux se perdent au plafond. La politique lui semble méprisable. Elle vit dans Wagner et se plaît aux poésies symboliques. Sur les côtes de la mer du Nord, il lui semble voir passer dans les nuages des chevauchées de Walkyries. Elle m'a cependant raconté un joli mot de Wagner. Un jour qu'ils causaient musique, Wagner lui dit :

— Je vous avoue que j'aime les opéras de Rossini. Mais ne le dites pas aux wagnériens, ils ne me le pardonneraient pas.

On a servi le dîner dans la salle à manger de l'hôtel, où nous n'étions séparés des autres voyageurs que par une haie d'arbres verts. Sur la table, des lampes électriques enveloppées de feuilles vertes et du plus joli effet.

Assistaient à ce dîner un sénateur italien, B..., vieillard barbu et aimable, et M. de Metternich, ambassadeur à Londres. On a très souvent parlé italien.

Je ne voulais pas faire d'allusion aux négociations en cours à Paris, le prince non plus, et nous avons parlé de tout, excepté cependant de ce qui nous préoccupait l'un et l'autre. Je dis « le prince » parce que tout le monde dit le prince. En réalité, M. de Bülow n'est prince que depuis peu; il n'était que comte. Il y a quelques années, l'Empereur lui a fait gravir l'échelon supérieur de la hiérarchie nobiliaire. C'est un homme grand, fort, blond, dont les yeux bleus se cachent à demi sous de lourdes paupières, la face carrée et grasse, le nez fin, la bouche spirituelle. Ses cheveux, assez rares et séparés au milieu de la tête par une large raie, semblent collés sur le crâne. Il portait un smoking avec une énorme fleur rouge à la boutonnière. Le prince parle très bien le français. Il connaît tous nos auteurs très à fond, comme un lettré. A propos de Taine, qu'il admire beaucoup, il m'a dit qu'il le trouvait injuste dans ses *Origines de la France contemporaine*.

— Il n'a pas compris, a-t-il ajouté, votre Révolution ; il lui voit des causes infâmes ; il semble la croire provoquée par une poignée d'énergumènes et de coquins. C'est méconnaître les hommes, c'est travestir l'Histoire. Sans doute on ne peut approuver tout ce qui s'est passé en 1793, mais il faut reconnaître qu'au Comité de salut public, à la Convention, il y avait des hommes qui non seulement étaient d'une probité inattaquable, mais qui encore étaient des organisateurs et des hommes d'État de premier ordre. Taine ne voit pas cela ou ne veut pas le voir, et son œuvre en est considérablement affaiblie. Nous ne pouvons plus avoir confiance en son jugement. Je lui ferai encore un reproche : il ne tient pas compte de la situation économique et des causes économiques et administratives. Les socialistes vont trop loin quand ils disent que les révolutions n'ont que des causes uniquement économiques : non, l'idéal y a toujours une part. Mais négliger les causes économiques lorsqu'il s'agit d'une crise qui soulèvera un peuple, c'est méconnaître la part toujours grande que les intérêts matériels ont dans les événements.

Nous continuâmes à parler de la Révolution. Il me dit :

— La Révolution française n'est pas un fait local, c'est, ou plutôt ce fut un événement européen. Elle a transformé le vieux continent ; elle a renouvelé la vieille société. Nous tous, nous vivons d'elle. Toutes les nations civilisées vivent d'elle. La France a été la victime des bienfaits qu'elle a répandus sur le monde.

Comme la politique ne perd jamais ses droits, il a ensuite abordé la question des rapports de l'Allemagne et de la France au point de vue historique.

— Ce sont, a-t-il dit, les deux grands peuples du continent. L'Allemagne a subi l'influence anglaise, l'influence italienne, dans sa littérature, dans ses arts, dans son mouvement scientifique. Mais aucune nation n'a eu plus d'influence sur elle que la France. Au dix-huitième siècle d'abord, l'Allemagne a été conquise par Voltaire, Rousseau et les encyclopédistes, puis plus tard aussi et dans notre temps encore, ce sont les auteurs français, ce sont même les idées françaises qui impressionnent le plus le génie allemand. C'est un grand malheur que des « malentendus » aient séparé les deux peuples. Ils étaient faits pour s'entendre et pour marcher à la tête de la civilisation. Le monde leur devrait aujourd'hui la paix, le progrès ininterrompu, la quiétude enfin...

Tout cela n'était pas de la politique et tout cela en était. Exprimait-il sa vraie pensée ou sa pensée diplomatique ? Au fond, l'Allemagne recherche notre alliance ; elle espère nous avoir avec elle pour le jour de sa lutte avec l'Angleterre. Elle use de tous les moyens : la menace et la caresse. Dans tous les cas, je me suis bien amusé de cet éloge de la France et de la Révolution par un Allemand, ministre d'un souverain absolu.

Il m'a parlé encore des socialistes et de Bebel. Ce dernier lui apparaît comme un homme convaincu, mais comme un esprit religieux : il croit aux doctrines de Karl Marx comme les chrétiens à l'Évangile; il a le fanatisme du collectivisme.

— C'est d'ailleurs, dit le prince, un orateur remarquable, un homme qui, à force de travail et de méditation, est devenu un érudit. Il dépasse les autres de toute la tête, d'autant plus que les autres sont généralement moins convaincus. Le parti socialiste leur fait des rentes; ils sont appointés comme députés, comme propagandistes, comme écrivains, comme chefs de parti ; peut-être craignent-ils intérieurement le triomphe de leurs idées qui pourrait leur coûter de bonnes situations.

Quand nous nous sommes séparés, Mme Minghetti m'a invité à l'aller voir à Rome; le chancelier m'a fait promettre de l'aller voir à Berlin.

En réalité, cette invitation du chancelier n'a rien de bien surprenant. Après mon voyage en Allemagne, où j'ai pu voir en détail les trois arsenaux de Wilhelmshafen, de Kiel et de Dantzig, j'ai écrit des articles dans le *Temps* qui furent traduits en allemand, en anglais, en espagnol, et qu'on commenta beaucoup dans toutes les langues. J'y exprimais à la fois mes craintes et mes admirations. Ce voyage m'avait ouvert les yeux sur quantité de choses; il avait profondément changé mes idées, et toute ma conduite devait s'en ressentir. Non que je fusse devenu plus qu'avant un ami de l'Allemagne, mais j'avais compris sa force et il m'était apparu qu'elle était dans la vraie voie de la civilisation et du progrès.

ABDUL HAMID

A propos de mon séjour à Constantinople, je me souviens qu'après la cérémonie assez étrange du Sélamlik, le sultan Abdul Hamid nous fit demander, M. Constans, ambassadeur de France, ma femme et moi. Il nous reçut dans un petit kiosque où d'habitude il travaillait. C'était un homme déjà âgé, qui se teignait les cheveux et la barbe, et qui ressemblait d'une façon surprenante à mon éminent ami Alfred Naquet. Il portait un uniforme trop large, en grosse étoffe, et tenait son sabre recourbé entre ses jambes. Depuis vingt-six ans le même tailleur l'habillait, mais ce tailleur ne l'avait jamais ni approché ni vu. On redoutait les attentats. Personne ne touchait au sultan pour lui prendre mesure et c'était sur des données incertaines que le tailleur taillait les habits. Le résultat était que le sultan avait l'air bossu, et que dans l'ouverture de son col eussent tenu trois ou quatre cous comme le sien : l'effet était assez comique.

Il nous avait fait venir — dès les premiers mots je le compris — pour s'expliquer sur les massacres d'Arménie et pour qu'en rentrant en France je pusse établir, soit devant le Gouvernement, soit devant les Chambres, ce qu'il croyait être ou plutôt ce qu'il voulait que fût la réalité des faits. Il tenait à plaider l'innocence de la Porte auprès d'un Français. Sa terreur d'une intervention européenne était visible, et me supposant, à cause de mon titre de vice-président de la Chambre, une influence sur le ministère, il espérait que je pourrais en quelque manière le servir. Après avoir rappelé que la France et la Turquie étaient de vieilles alliées, que François Ier était l'ami de Soliman, il m'avoua que ses soldats avaient commis des atrocités et des excès de tous genres. Mais dans quelles armées n'y a-t-il pas de mauvais sujets ? Il assurait qu'il avait donné des ordres pour que les coupables fussent punis, et il me priait de le dire à tout le monde à mon retour. Quant aux Bulgares, il s'étonnait de leurs revendications.

— Que me reprochent-ils ? Je ne les ai jamais inquiétés pour leur religion. Je leur laisse leurs prêtres et leur foi. Il n'en a pas été de même en Espagne, quand les Espagnols ont repris possession de leur pays. Alors, ils ont mis les Maures dans l'alternative de se convertir ou d'avoir la tête coupée. C'est que les musulmans sont plus tolérants que les catholiques.

Il nous garda plus de deux heures. Sa conversation fut mêlée de beaucoup d'enfantillages. Il nous conduisit dans ce qu'il appelait son musée. C'était une immense galerie où étaient entassés, pêle-mêle, des œuvres d'art admirables et des objets qu'il avait l'air d'avoir gagnés au jeu de macarons, à la foire. Ces derniers étaient d'ailleurs les plus nombreux.

Revenant à la politique, il m'offrit de me faire tenir, par un de ses aides de camp, un long mémoire secret où étaient énumérées toutes les atrocités commises par les Bulgares révoltés. Les Bulgares avaient cependant commis moins d'atrocités que les soldats du sultan.

Puis, apprenant que le président de la République fumait, il me chargea de lui porter, de sa part, une pipe en ambre renfermée dans un écrin de velours bleu. J'ai consciencieusement remis cette pipe au président de la République. Le malheur a voulu que cette pipe fût accompagnée, pour le président et pour moi, d'une assez grande quantité de porcelaines provenant de la manufacture impériale. On ne peut rien voir d'aussi laid.

VICTOR HUGO

On raconte qu'Alfred de Musset ne venait que de loin en loin à l'Académie. En entrant, il demandait à Pingard :

— M. Victor Hugo est-il venu à l'Académie aujourd'hui ?

Et quand Pingard lui répondait non :

— Alors, reprenait Musset, il n'y a personne. Je m'en vais.

Là-dessus, il tournait les talons et rentrait chez lui.

Je ne sais si l'anecdote est exacte, mais cela ressemble bien à l'auteur des *Nuits* et de *On ne badine pas avec l'amour*.

Voulait-il, par cette spirituelle impertinence, témoigner de son admiration pour Victor Hugo, ou protester, dans un milieu solennel et retentissant entre tous, contre les attaques furieuses dont Victor Hugo était quotidiennement l'objet ? Je l'ignore. Mais la protestation d'Alfred de Musset était pleinement justifiée. Jamais homme, pas même Voltaire, pas même Rousseau, n'a soulevé contre lui autant de haines implacables et de colères impitoyables que Victor Hugo. Les unes et les autres ne lui inspiraient qu'un mépris olympien.

Quand un autre homme de génie, Lamartine, publia dans ses *Entretiens littéraires* une critique très violente et très acerbe des *Misérables*, je vois encore Victor Hugo montrant du doigt la brochure et disant en souriant :

— Essai de morsure par un cygne.

Il témoignait cependant d'une grande admiration et d'une grande affection pour Lamartine. Mais Lamartine et lui étaient des hommes si différents qu'il ne pouvait y avoir une sympathie bien profonde entre eux. Lamartine était foncièrement aristocrate et religieux; il l'était dans ses habitudes, il l'était dans sa langue et il l'était dans sa vie. Victor Hugo était profondément démocrate, par son tempérament, par sa façon de voir les choses, et je dirai presque par ses goûts, quoiqu'il eût conservé une politesse très raffinée et qui rappelait celle de l'autre siècle.

Dans ce qu'écrit Lamartine, il y a toujours une large part de rêve. Chez Victor Hugo, la part de rêve est non moins admirable, mais plus restreinte.

Dans la première partie de sa vie, Victor Hugo eut à subir surtout des attaques littéraires; dans la seconde partie, ce furent des attaques politiques. Mais jamais homme ne fut comme lui taillé en athlète. Il était fait pour toutes les batailles. Ses ennemis les plus acharnés se trouvèrent contraints de capituler. Sarcey, qui lui avait été longtemps hostile, se mit tout à coup à brûler ce qu'il avait adoré et à adorer ce qu'il avait brûlé, et il devint un des plus fervents admirateurs du maître. Il avait poussé un cri qui tenait six colonnes de son feuilleton, le jour où il avait découvert le génie de Victor Hugo. Ce revirement subit atteste l'admirable sincérité de Sarcey et l'honore au moins autant que Victor Hugo.

∴

J'ai vécu longtemps avec Victor Hugo. Je l'ai beaucoup aimé et beaucoup admiré. Je veux toujours parler de lui, toujours je recule avant de m'y mettre, non parce que cela m'ennuie, mais parce qu'il y a trop à dire et qu'il me faudrait des volumes que je n'ai jamais eu le temps d'écrire. Je n'ai connu Victor Hugo dans l'intimité qu'à Paris, au commencement du siège. Mais nous étions en relations bien avant.

Comme je venais d'être condamné sous l'Empire à six mois de prison et que j'avais été transféré avec Delescluze et Naquet dans une maison de santé, je vis un jour la porte de ma chambre s'ouvrir et entrer un monsieur que je ne connaissais pas, portant sous le bras un gros volume. C'était Paul Meurice. Il me dit, assez solennellement : « Je vous apporte *l'Homme qui rit*, de la part de Victor Hugo. En même temps je vous demande votre collaboration au *Rappel.* » Cette démarche a eu une grande influence sur ma vie.

*
* *

Le Gouvernement de la Défense Nationale eut la naïveté d'offrir à Victor Hugo d'être directeur de l'Assistance publique. C'était absurde et impertinent. On ne se figure pas Victor Hugo rond-de-cuir. Il devait être membre du Gouvernement ou rien, et il valait mieux pour lui qu'il ne fût rien. Du reste, il aurait fait un administrateur détestable. Il n'a jamais rien entendu à l'administration, pas même à l'administration de sa propre fortune. C'est Paul Meurice qui a administré et géré pour lui. Victor Hugo n'a su qu'épargner. Il n'était pas avare, comme on l'a dit; parfois même il était très généreux. Mais il n'avait pas de besoins.

C'était un homme extraordinaire en tout. Il l'était même à table. A personne je n'ai vu faire ce qu'il faisait : il mangeait les homards avec leur carapace et les oranges avec leur peau. Il disait très sérieusement :

— C'est la carapace qui fait digérer le homard; sans cela il serait très lourd.

C'est en dînant chez lui presque tous les jours que j'ai pris une gastralgie que j'ai encore. On restait trois heures à table, sous huit becs de gaz, dans une salle à manger petite et brûlante. On passait ensuite au salon, et, au bout de quarante minutes à peine, on retournait dans la salle à manger où l'on vous servait des sirops et des pâtisseries.

Avec cela, Victor Hugo était très sobre. Jamais de sa vie il n'a bu une goutte de liqueur, ni fumé un cigare. Il buvait du vin sucré — et Dieu sait ce qu'il y avait de sucre dans son vin — comme il aurait bu de l'eau, parce qu'il avait soif. Et peu lui importait que le vin fût du vin de Bordeaux ou du vin d'Argenteuil : il n'en sentait pas la différence.

On ne peut pas juger Victor Hugo comme les hommes ordinaires. Est-ce que les hommes ordinaires écrivent *la Légende des siècles* et *les Châtiments?* Il a une mesure à lui qui n'est pas celle de tout le monde. Tous les hommes de génie en sont là. Au demeurant, il avait des vertus : une probité absolue, une grande dignité, une réelle bonté, un amour profond de la justice, de la liberté et de la vérité. Il était très haut, très noble, très grand. Il l'était pour ceux qui le voyaient de près aussi bien que pour ceux qui le voyaient de loin.

Il vivait dans son œuvre. Il ne vivait ni dans sa famille ni dans ce monde. On connaît le mot de Balzac, à qui l'on parlait un jour de la révolution de Juillet et de ses conséquences politiques et sociales. Il répondait :

— Oui, mais parlons de choses réelles, parlons d'*Eugénie Grandet.*

C'est l'histoire de Victor Hugo. La réalité,

pour lui, c'était *l'Homme qui rit* ou *les Contemplations*. Il n'avait peut-être pas tort. Mais c'était parfois pénible pour les autres.

Il ne permettait d'observations à presque personne. Paul Meurice ne procédait que par allusions ou en le persuadant que les idées venaient de lui.

Il avait des colères soudaines, mais vite apaisées. Elles étaient rares. Une grande égalité d'humeur, une grande sérénité, voilà l'ordinaire.

En somme, il était absent de la vie pendant les trois quarts de la journée.

Pour ses colères, elles venaient, je crois, non de la contradiction, mais de la nécessité où on le mettait de perdre son temps à discuter des affaires courantes. On le sortait de son œuvre. Il ne le pardonnait pas. Jamais il ne s'irritait ou ne s'emportait au cours d'une discussion politique, philosophique, littéraire, sociale. Cela se rattachait à son œuvre et le laissait à son rêve. Il s'y montrait toujours admirablement éloquent et supérieur.

Après Bordeaux et la paix, il retourna s'installer à Guernesey. Comme on désirait beaucoup le voir revenir à Paris, on me pria (Quinet, Louis Blanc, Vacquerie et Meurice) d'aller le lui dire, et je partis — j'avais aussi d'autres raisons — pour Hauteville-House. Si respectueux que fût mon début, dès le premier mot, il entra dans une fureur dont la maison et la famille tremblèrent. Cependant, assez longtemps après, il finit par revenir.

∴

Sa vie était réglée comme un papier à musique, et, sauf de légères variantes, la même à Guernesey qu'à Paris. Il se levait à six heures, avalait deux ou trois œufs crus, buvait une grande tasse de café noir et se versait une grande cruche d'eau froide sur le dos. Il montait ensuite tout en haut de Hauteville-House, dans ce qu'il appelait son *look-out*, une sorte de petite serre où, habillé de rouge, la tête nue, debout devant une planche au milieu de cette cloche de verre, il écrivait jusqu'à midi. Il déjeunait, remontait écrire, et, à trois heures et demie, sortait en calèche avec Mme Drouet, qui avait reçu de lui un petit billet doux le matin. Jamais, jusqu'au jour de la mort, ce billet n'a fait défaut. La promenade était toujours exactement la même et durait le même temps : deux heures. Victor Hugo faisait mentalement des vers et ne disait rien. Mme Drouet pensait à je ne sais quoi et ne disait rien non plus. Cependant, trois phrases lentement prononcées, toujours les mêmes et toujours dites aux mêmes endroits, coupaient cet absolu silence. En passant devant le mur d'une habitation placée à droite de la route et où sont percées l'une à côté de l'autre deux portes, une grande et une petite, Victor Hugo disait en montrant la grande :

— Porte cavalière, madame.

Mme Drouet répondait, montrant la petite :

— Porte piétonne, monsieur.

La troisième phrase était prononcée non loin du chemin qui conduit au Gouffre, devant deux vieux arbres qui entremêlaient leurs branches. Victor Hugo disait :

— Philémon et Baucis.

Mme Drouet ne répondait rien.

Cela s'est passé ainsi, tous les jours, pendant dix-sept ans, et encore après. J'ai fait plusieurs fois cette promenade sur la banquette de devant de la voiture. J'ai respecté le silence. J'ai entendu les phrases, et cela m'a paru tout simple.

*
* *

A l'époque où je l'ai connu, il ne lisait plus depuis longtemps déjà. Évidemment, il trouvait que cela lui faisait perdre du temps. Il songeait à la mort et comptait les minutes, craignant de ne pouvoir dire tout ce qu'il se sentait dans la tête. Il jetait seulement les yeux sur le *Rappel*, le matin, pour pouvoir, le soir, nous faire un petit compliment que nous prenions comme il fallait le prendre, pour une preuve de bienveillance et d'amitié.

Je me promenais un jour avec lui sur la falaise, à Guernesey. Il me faisait une leçon admirable sur l'éloquence de la tribune. Comme je m'étonnais qu'un écrivain pût être en même temps un orateur, parce qu'en parlant ou en essayant de parler, il est obligé de se contenter du premier mot qui lui vient à l'esprit et qui n'est pas toujours le mot juste, Victor Hugo me répondit :

— Les mots justes sont des domestiques. On sonne, et ils viennent.

Il disait comment il faut, en prononçant une phrase, construire la phrase suivante dans sa tête, s'abstraire pour ainsi dire du discours qu'on prononce pour amener les idées qu'on veut exprimer et préparer la péroraison. Il disait la tension d'esprit que cette gymnastique impose, l'accablement cérébral qui en résulte ensuite. Et s'arrêtant subitement et résumant toute sa leçon dans une comparaison inattendue :

— Mon cher ami, conclut-il, parler une heure, c'est aussi fatigant que de fournir à trois rendez-vous d'amour dans la même nuit.

Il avait alors soixante-douze ans.

∴

Victor Hugo avait beaucoup aimé les voyages dans sa jeunesse. *Le Rhin* avait été le résultat de l'un d'eux. Dans sa vieillesse, il n'aimait plus à se déplacer ; il éprouvait une sorte de crainte du nouveau et de l'inconnu. Une fois, cependant, ma femme et moi nous le décidâmes à venir en Suisse, aux eaux de Ragatz. Dans l'hôtel où nous descendîmes se trouvait en même temps que nous le maréchal de Moltke. Le maréchal avait une envie extrême de faire la connaissance de Victor Hugo. Cette envie était telle qu'il m'envoya un soir un de ses aides de camp pour me prier d'exprimer son désir au maître. Je m'excusai, en disant que je n'avais aucun titre pour être le porte-parole de M. de Moltke et que M. Victor Hugo n'avait pas besoin de moi pour chambellan. L'aide de camp m'assura que M. de Moltke avait lu tous les ouvrages de Victor Hugo et qu'il éprouvait pour le poète une admiration sans bornes. C'était cette admiration qu'il aurait voulu lui exprimer de vive voix.

Comme la démarche de l'aide de camp n'avait pas abouti au gré des désirs du maréchal, ce dernier envoya le directeur de l'hôtel demander un entretien de quelques minutes à Victor Hugo.

Victor Hugo réfléchit un instant, puis, tranquillement et doucement, il répondit au directeur :

— Non, monsieur, jamais !

TABLE

Pages.

ACHEVÉ D'IMPRIMER

le dix avril mil neuf cent treize

PAR

E. ARRAULT ET Cie

A TOURS

pour

BERNARD GRASSET

3460

www.ingramcontent.com/pod-product-compliance
Ingram Content Group UK Ltd.
Pitfield, Milton Keynes, MK11 3LW, UK
UKHW020559230726
13926UKWH00005B/2116